BBB

Bumsen Bügeln Bergsteigen

Verfasst von Oliver Kuhn und Daniel Wiechmann,
illustriert von Steffen Haas ist außerdem erschienen:

Mein schwuler Friseur oder Wie Sie sich mit 2222 Vorurteilen über Ihre
Mitmenschen lustig machen

Montagmorgen und es ist draußen noch dunkel
und 2222 weitere Gründe, nicht aufzustehen

Von Steffen Haas und Joachim Schulz ist der fantastische Roman erschienen:
Der Traum des Erdachsenbiegers

Über Oliver Kuhn und Daniel Wiechmann
Oliver Kuhn und Daniel Wiechmann waren gemeinsam auf der Deuschen
Journalistenschule in München. Kuhn arbeitet derzeit als Reporter für den
Playboy, Wiechmann als freier Autor. Sie haben einen Baum gepflanzt, ei-
nen Sohn gezeugt und ein Haus gebaut, sie stehen kurz davor ihre erste
Million im Lotto zu gewinnen und haben mit 500 Frauen geschlafen. Den-
noch müssen auch die beiden noch einiges erleben, um sagen zu können:
»Ich habe gelebt.«

Über Steffen Haas
Steffen Haas studierte Grafik und Malerei in Wien und München. Seit 1989
arbeitet er an seinem Hauptwerk, den »Motionless Movies about Mose«,
einem bislang über viertausend Bilder umfassenden Comic-Epos, das als
live synchronisierte Diashow in zahlreichen Städten Europas und in New
York das Publikum in Erheiterung und Rührung versetzte. Außerdem ver-
öffentlicht Steffen Haas regelmäßig Bildgeschichten und Comics in diver-
sen Zeitungen und Zeitschriften.

Oliver Kuhn
Daniel Wichmann

Bumsen, Bügeln, Bergsteigen

Alles, was du getan haben musst,
um sagen zu können
»Ich habe gelebt«

Mit über 111 Illustrationen von Steffen Haas

Knaur

Besuchen Sie uns im Internet:
www.droemer-weltbild.de

Umschlaggestaltung: ZERO Werbeagentur, München
Umschlagabbildung: Voller Ernst/Krajewski
Abbildung auf der Umschlagrückseite: Steffen Haas
Satz: Quark XPress im Verlag
Druck und Bindung: Clausen & Bosse, Leck
Printed in Germany
ISBN 3-426-62244-0
5 4 3 2 1

Inhalt

Du kannst sagen »Ich habe gelebt«,
wenn du ...

Du kannst sagen »Ich habe gelebt«, *wenn du einen Wal gesehen hast*

Der Wal ist das größte Tier auf der Welt. Er kann siebzig Liter pinkeln und drei Schubkarrenladungen stuhlen. Viele Leser werden sagen: »Na, und? Das kann ich auch.« Der Wal kann es auf einmal. Auch sonst ist er ein faszinierendes Tier. Sein Genital ist sechs Meter lang. Er kann vierhundert Meter tief tauchen. Er kann den ganzen Tag im kalten Wasser schwimmen, ohne Gänsehaut zu bekommen. Für viele Menschen ist das Grund genug, sich in Schiffe zu setzen und ewig zu warten, bis eines dieser possierlichen Tierchen auftaucht und eine zünftige Fontäne ablässt. »Whale watching« heißt dieser Sport und ist nicht zu verwechseln mit Weight Watching. Da muss man ewig warten, bis man nicht mehr aussieht wie ein Wal. Da die Goliathe des Meeres unerfreulich selten ums Schiff herum schwimmen, entdecken die Whale Watcher zumeist Delphine. Es gibt kaum ein anderes Lebewesen auf der Welt, bei dem alle Menschen, die es sehen, sofort in so ein »Ui, süß«-Geschrei einstimmen wie bei Delphinen. Delphine sind die Backstreet Boys der Meere.

Einmal, als ein Delphin mal wieder das Staunen der Menschen abgeerntet hatte, habe ich in der Nähe eine kleine Qualle gesehen. Sie schaukelte auf den Wellen. Sie war sehr traurig und einsam. Und hat geweint. Weil sie von den Menschen keine Chance bekommen hat.

Du kannst sagen »Ich habe gelebt«,
wenn du ein Kind hast

Es gibt die kaum von der Hand zu weisende Evolutionstheorie, dass wir Menschen im Grunde nur vorübergehend von den Bäumen gekletterte Affen sind. Das heißt, dass sich unser Verhalten nicht so nachhaltig von dem der Primaten unterscheidet, wie uns das Leute wie Peter Sloterdijk weismachen wollen. Die intellektuelle Dreifaltigkeit des Mannes heißt Ficken, Fernsehen, Fußball (bei der Frau: Shoppen, Kinder kriegen, Shoppen). Und damit wären wir schon bei der grundsätzlichen Auseinandersetzung über die Fortpflanzung. Beim Mann ist der emotionale Entscheidungshorizont auf die Länge des Koitalakts begrenzt. Frauen denken außer beim Shoppen in Zeiträumen von zwanzig Jahren und länger. Deshalb gibt es in der Kinderfrage Verständigungsprobleme. Der Mann sagt: »Ich will ein Kind von dir«, und meint: »Ich will dich ficken.« Die Frau sagt: »Ich will ein Kind von dir«, und meint: »Wie kannst du jetzt nur an Sex denken?« Dann passiert der so genannte Unfall, und sie ist schwanger.

Du bringst ihr Erdbeeren. Sie will Gurken. Du bringst ihr Gurken. Sie will Anchovis.

Sie wird runder und runder. Du findest sie wunderschön. Du musst mit zur Schwangerschaftsgymnastik. Das Kind ist da.

Du schläfst nicht mehr. Sie schläft nicht mehr mit dir.

Du sitzt eines Tages spät abends alleine auf dem Sofa. Und denkst dir: Achtzehn Jahre sind eine lange Zeit. Aber sie sind leider viel zu schnell vorbeigegangen.

Du kannst sagen »Ich habe gelebt«, wenn du zehn Kilo abnehmen kannst

Es ist sehr schwer, ein vernünftiges Leben zu führen und gleichzeitig kein Übergewicht zu haben. Schokolade, Eis, Fastfood ist die Dreifaltigkeit des lebenslustigen Menschen. Es gibt Schwachmaten, die sich einreden, Joggen wäre schön. Die Wahrheit ist: Joggen kann mit einer schönen Tafel Schokolade nicht mithalten.

Es gibt unzählige Diäten: Kartoffel, Banane, Spinat, Gurken, Reis. Eines haben sie alle gemeinsam: Du bleibst fett. Das einzige, was hilft, ist Hungern. Zehn Kilo sind vierzig Butterpäckchen. Das musst du erst mal runterhungern. Das geht im Grunde nur mit vierzig Zigaretten am Tag.

Und wenn du den fürchterlichen Hungertrip irgendwann unterbrichst, nimmst du sofort die doppelte Menge zu. Du isst einen Burger (hundertfünfzig Gramm), wiegst dich und hast dreihundert Gramm mehr. Also musst du hungern bis an dein Lebensende. Leben nach der Kalorientabelle. Nein, danke. Dann die zehn Kilo lieber gleich wieder zunehmen. Wichtig ist doch, dass man weiß, dass man abnehmen könnte, wenn man wollen würde.

Du kannst sagen »Ich habe gelebt«, *wenn du mit einem Hund aufgewachsen bist*

Es ist schön zu wissen, dass jemand auf dich wartet, wenn du abends nach der Arbeit nach Hause kommst. Jemand, der dir keine Vorwürfe macht, weil du zu spät kommst. Jemand, der vor Freude ein bisschen auf den Fußabstreifer pinkelt. Wie eine treue Frau eben, nur irgendwie noch inniger.

Das besondere an der engen Freundschaft zwischen Hunden und Männern ist, dass sie sich so ähnlich sind. Sie denken meistens an Essen oder Sex. Sie können nicht über ihre Probleme reden. Sie fühlen sich einsam, wenn sie alleine sind. Sie pinkeln am liebsten im Stehen.

Hunde lieben die Freiheit. Jeden Tag ein bisschen schnuppern an der weiten Welt. Selbst an der Leine noch wild bleiben. Es gibt keinen Menschen, der dich so gut versteht wie ein Hund.

Du kannst sagen »Ich habe gelebt«,
wenn du einen guten Freund hast

Von einem guten Freund weißt du, dass er für dich da ist, wenn du ihn brauchst. Auch wenn du dich gerade in einer ausgesprochen blöden Situation befindest. Du sitzt also in Thailand, bist mit ein paar Drogen erwischt worden und steckst im Knast. Der Richter sagt: »Zehntausend Dollar Strafe, und du bist draußen. Ansonsten: Zehn Jahre hinter Gittern.« In deiner Zelle leben dreißig Gewalttäter. Vergewaltigung ist an der Tagesordnung. Eine unschöne Situation, und der sadistische Gefängniswärter genehmigt dir nur einen Telefonanruf. Du rufst an, dein Freund geht ran und du sagst: »Hey, ich bin in Thailand, stecke in der Scheiße, haben mich mit Drogen erwischt, komm und bring zehntausend mit.« Was sagt ein guter Freund? »Mark oder Dollar?« sagt ein guter Freund, mehr nicht. Er darf erklären, dass er erst morgen fahren kann, weil abends ein wichtiges Champions-League-Spiel kommt. Das geht vor. Aber am nächsten Morgen fährt er zum Flughafen, fliegt nach Thailand und bringt die Kohle. Kein Thema.

Es ist wichtig, dass man viel Zeit zusammen verbracht hat. Das geht am besten in der Jugend. Die unendlichen Nachmittage. Im Sommer am See. Im Winter im Keller. Rauchen, saufen, Frauen. Alle Frauengeschichten kennen. Die wenigen, die wirklich passiert sind und die vielen, die man sich nur ausgedacht hat. Die anderen Eltern kennen und ihre Macken. So seine Macken verstehen. Langeweile gemeinsam überstanden haben. Auch mal nichts sagen müssen. Die Hälfte seiner Bücher und T-Shirts im Regal haben und nie zurückgeben. Seine Freundin blöd finden. Und wissen, dass sie irgendwann gehen wird und du bleibst.

Du kannst sagen »Ich habe gelebt«,
wenn du in Indien warst

O Mann. Indien ist so krass. Als Gott die Erde erschaffen hatte, legte er sich in eine Hängematte, warf drei Trips ein, rauchte fünf Joints, zog sich eine lange Line Koks und sieben Whiskey on the rocks rein. Und dann schuf er Indien. Mit ganz vielen kleinen Menschen, die sich wie Ameisen unentwegt bewegen. Mit Leuten, die jahrelang auf einem Bein stehen. Orangefarbene Gewänder. Heilige Kühe. Heilige, die kiffen. Alles, was dir als Schöpfer eben so einfällt, wenn du tierisch stoned bist.

Und dann ließ er die Menschheit allein mit seinem Freak-Country. Seither reisen Menschen aus aller Welt nach Indien, um nach ihrer Schul- beziehungsweise Unizeit für ein paar Monate in das bettelarme Land im feucht-schwülsten Tropen- und Seuchenfleck dieser Erde zu fahren. Warum? Um sich selber zu finden. Als Orientierung verwenden sie eine moderne Bibel namens *Lonely Planet*. Doch benebelt von der heftigen Malaria-Prophylaxe (Resochin-Lariam-Paludrine-Kombination), finden sie meist nicht viel mehr als den eigenen Geiz (Wo ist das billigste Guesthouse?) und kiffende Heilige, die sie bis aufs letzte Hemd ausnehmen (bei Frauen: ausziehen), um dann bei tantrischer Matratzenreligion die westliche Sinnsuche mit östlicher Befriedigung zu paaren. Indien ist allemal eine Reise wert.

Du kannst sagen »Ich habe gelebt«, *wenn du eine Sternschnuppe gesehen hast*

Mit Sternschnuppen ist es genauso wie mit guten Frauen: Wenn du eine suchst, findest du keine. Wenn du aber gerade frisch verheiratet bist beziehungsweise gedankenlos in den Himmel blickst, kommen Traumfrauen und Sternschnuppen dutzendweise über dich.

Es gibt nichts Schöneres als eine Nacht unter klarem Himmel. Mit schlechtem Rotwein und einer hübschen Frau auf dem Rasen liegen und die Sterne ansehen. Die wunderbaren Himmelskörper glitzern über euch. Du könntest ihr den Großen Bären zeigen. Sie würde staunen und sagen: »Die Sterne sind so schön. So hell. Man könnte meinen, sie sind so nah, dass man sie berühren kann.« Du könntest sie anlächeln und sagen: »Hol mir einen runter.« Und sie würde es romantisch finden.

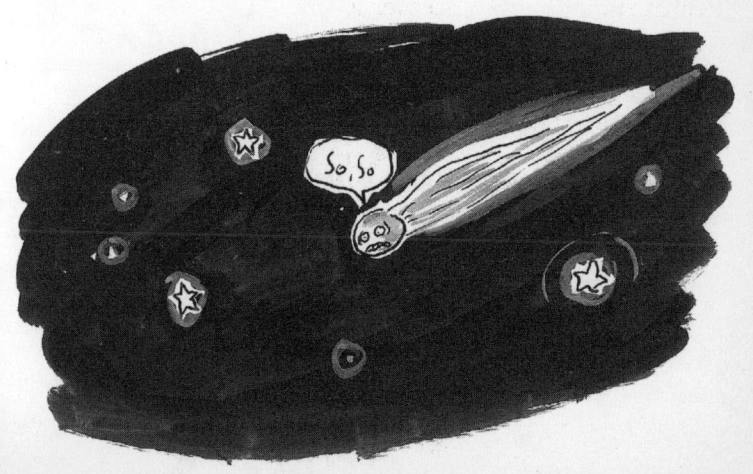

Du kannst sagen »Ich habe gelebt«, wenn du Mutti gesagt hast, dass du sie liebst

Mutti war da, als du in diese schlimme Welt geworfen wurdest. Sie hat das Bett gemacht, als du mit vierzehn noch mal reingepinkelt hast. Sie hat dich gegen Papis Hausarrest verteidigt. Sie hat dir einen Eimer ans Bett gestellt, als du das erste Mal besoffen nach Hause gekommen bist. Sie konnte immer erst dann ruhig schlafen, wenn sie gehört hat, dass du wieder zu Hause bist. Sie hat dich getröstet, als dich deine Freundin verlassen hat. Sie ruft immer dann an, wenn es dir gerade schlecht geht, und fragt: »Willst du nicht mal wieder zum Essen vorbeikommen?« Sie kocht den besten Braten und bäckt die besten Plätzchen. Sie hat dich weinen gesehen. Sie hat dich immer schön gefunden. Sie würde überallhin kommen, um dich zu holen, wenn es dir schlecht geht. Sie würde dir alles verzeihen.

Heute schon danke gesagt?

Du kannst sagen »Ich habe gelebt«, *wenn du Papi gesagt hast, dass du ihn liebst*

Papi war beim Saufen, als du auf die Welt gekommen bist. Er war viel zu streng mit dir. Er war tierisch sauer, dass du ihn geweckt hast, als du nachts nach Hause gekommen bist. Er fand deine Freundin grässlich. Du hast wegen ihm geweint. Er hat sich immer für deine Unsportlichkeit geschämt. Trotzdem würde er überallhin kommen, um dich zu holen, wenn es dir schlecht geht. Zeit, sich mit dem alten Deppen wieder zu vertragen.

Du kannst sagen »Ich habe gelebt«, *wenn du ein unsterblich schönes Liebesgedicht geschrieben hast*

Ein Liebesgedicht kann nur so schön sein wie die Frau, der du es schreibst. Das geht im Grunde schon mit dem Namen los. Elke, Gerlinde oder Renate sind schon qua Name dem lautmalerischen Liebespoem nicht zugänglich. Da braucht es schon eine Lilly, Jacqueline oder Greta. Dann sind noch schrecklicher Liebeskummer, viel Wein und ein alter Federkiel nötig, damit du mit eigenem Blut die Verse an deine Liebste schreiben kannst. Fragt sich bloß: Was schreiben? Was kann mithalten mit der Unermesslichkeit der Liebe, die du empfindest? Mit ihrer Schönheit? Mit dem Liebreiz ihrer Knospen? Da bleiben im Grunde seit Hugo von Hofmannsthal nur zwei Alternativen. Die geläufigste sind die Superlative: »schönste«, »bezauberndste« »schärfste«. Das kommt gut, kann aber in einer Anhäufung von Superlativen zu einer gewissen Abschwächung führen. Besser kommen da die bildlichen Vergleiche mit der Natur. Groß wie die Sonne. Einsam wie der Mond. Im Zweifel: göttlich. Aber merke: Nicht alles, was hinkt, ist ein Vergleich.

Du kannst sagen »Ich habe gelebt«, wenn du eine gute Verdauung hast

All die anderen Gründe, warum man gelebt haben soll, erbleichen im Angesicht einer guten Verdauung. Machen wir uns nichts vor. Es geht im Grunde nichts über einen guten Schiss. Was sind das für wundervolle Momente der Ruhe und Entspannung, die uns die Natur geschenkt hat. Wir sollten sie nutzen. Ohne Zeitdruck. Mit einer spannenden Lektüre. Ja, vielleicht sogar mit diesem Buch. Vierlagiges Toilettenpapier in einer trendigen Pastellfarbe. Recyclingpapieranteil: 0 Prozent. Japanische Supermarktmusik. Marmor. Eine Spülung, die keinen Vergleich mit südamerikanischen Wasserfällen zu scheuen braucht. Und nicht so ökologisch dosierte Spritzerchen, wo du dreimal drücken musst, um dein Tagwerk zu versenken.

Es lohnt sich wirklich, die Verrichtung des Geschäfts mehr zu genießen. Schließlich verbringen wir einen Haufen Zeit auf dem Klo. Da kommen locker zwei, drei Stunden am Tag zusammen.

Aber verstehen wir uns nicht falsch. Ich spreche nicht nur vom Resultat der Verdauung, sondern von der Verdauung an sich. Eine gute Verdauung ist der siamesische Bruder des guten Appetits. Übergewicht ist nichts anderes als schlechte Verdauung. Also Mädels. Denkt mal drüber nach.

Du kannst sagen »Ich habe gelebt«, *wenn du einen Tag im Gefängnis gewesen bist*

Unvergessen, wie sich Clint Eastwood mit einem rostigen Teelöffel aus Alcatraz rausgebuddelt hat. Kaum ein Teenager, der angesichts von so viel Coolness nicht seinen Schulabschluss für einen Tag in einer Zelle hingegeben hätte. Gut, da sind die Vergewaltigungen beim Duschen. Niedriges kulinarisches Niveau. Innenarchitektur zum Abgewöhnen. Aber insgesamt ist ein Gefängnis doch die Heimat von einem Haufen echt rustikaler Gestalten, die noch was auf Männerfreundschaft geben. Und das Beste: keine Frauen weit und breit.

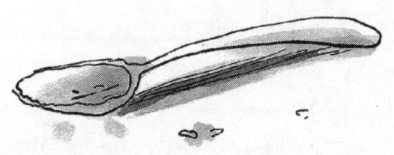

Du kannst sagen »Ich habe gelebt«,
wenn du gekifft hast

D er erste Joint ist immer madig. Du sitzt mit all deinen Kumpels im Zimmer eines Freundes und schaffst es nicht, die drei Papers so zusammenzukleben, wie das die Freunde von deinem großen Bruder machen. Nach stundenlangem umständlichem Beschlecken der Papers ist sie irgendwann fertig: die erste krumme Tüte deines Lebens. All deine Freunde sind schon tierisch aufgeregt und entreißen dir den Joint, kaum dass du ihn angeraucht hast. Du ergatterst noch ein paar Züge, und bevor der Joint überhaupt ausgedrückt ist, fängt der erste deiner Freunde an: »O Mann, bin ich breit. Spürst du auch schon was?« Jetzt stehst du vor zwei Alternativen. Entweder du outest dich als total uncool und unbreit. Oder du spürst auch was. Und wenn man ganz tief in sich reinfühlt, dann spürt man auch was. Einen leisen Schwindel im besten Fall. Im schlimmsten Fall ist dir speiübel. Aber keine Sorge: Deinen angeblich superstonden Freunden geht es auch nicht besser.

Falls du irgendwann noch mal die Gelegenheit bekommst, einen Joint zu rauchen, wird es wesentlich besser ablaufen. Du wirst ihn rauchen, fürchterlich husten, und gerade wenn du denkst, dass du wieder nichts spürst, wird etwas sehr Eigenartiges passieren. Irgend jemand im Zimmer wird irgendwas ziemlich Normales sagen, und du wirst darüber tierisch ablachen. Und wenn dann noch jemand niest oder sich die Nase putzt, wirst du dich endgültig im Lachkrampf wälzen. Wenn du dir schon die Lippen blutig gebissen hast, in der Hoffnung durch den Schmerz das Lachen zu stoppen. Nach einem mehrstündigen Lachanfall hast du einen ziemlich heftigen Muskelkater in den Backen. Es fällt einem ja im Alltag kaum auf, wie viele Muskeln man im Gesicht hat.

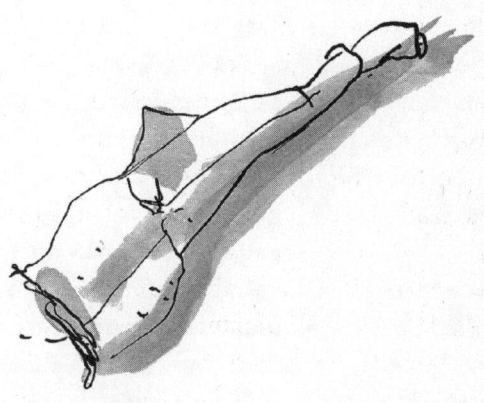

Kein Kunstwerk

Du kannst sagen »Ich habe gelebt«, wenn du einen Bettler glücklich gemacht hast

Wer schafft es schon, ein Leben lang den Hundeblicken der Bettler und ihrer räudigen Schäferhundmischlinge zu entgehen. Aber mal ehrlich: Aldi-Bier, Lambrusco aus der Zwei-Liter-Flasche, Temperaturstürze in der Nacht, stinken und es selbst nicht mehr merken – das Leben als Obdachloser ist nicht einfach. Und du kriegst das Geld immer in so kleinen Einheiten. Niemand würde arbeiten, wenn ihm der Chef alle drei Minuten fünfzig Cent in die Lohntüte werfen würde. Auch wenn am Ende des Monats dieselbe Kohle dabei rumkäme.

Du musst einen Bettler glücklich machen, für eine Nacht. Das geht ganz einfach. Gib ihm fünfhundert Euro. Fahr ihn in ein Luxushotel (das du natürlich bezahlst, einschließlich Kosmetikerin, Fußpflegerin und Friseur). Bei Bedarf gibt's ein Luxuscallgirl extra. Und du legst dich solange auf seinen Platz, damit er keine Umsatzeinbußen hat. Zu erleben, wie weit man vom Penner entfernt ist, ist auch eine ganz nette Erfahrung – im Zweifelsfall eine Kreditkartenlänge.

Du kannst sagen »Ich habe gelebt«, *wenn du etwas erschaffen hast, das dich überlebt*

Woody Allen hat einmal gesagt: »Ich will die Unsterblichkeit nicht durch mein Werk erreichen. Ich will sie dadurch erreichen, dass ich nicht sterbe.« Das kommt der Sache schon ziemlich nahe.

Es ist trotzdem ein gutes Gefühl, wenn nach deinem Tod eine humanistische Tübinger Realschule nach dir benannt wird. Oder die Sackgasse in einer Reihenhaussiedlung am Stadtrand von Oer-Erkenschwick. Aber damit sind die Möglichkeiten der Unsterblichkeit noch nicht erschöpft. Man kann auch selber nachhelfen. Wie wäre es mit einer Gedächtnismünze, die jedes Jahr an eine führende Persönlichkeit vergeben wird. Oder eine Stiftung für alleinerziehende Mütter oder engagierte Literaten oder – alleinerziehende Literaten. Schließlich kann man das Geld nicht mit ins Grab nehmen.

Richtig toll allerdings ist es, wenn du etwas erdacht und erfunden hast, was den Menschen so ans Herz ging, dass sie es nie mehr vergessen. Ein Liebeslied. »When a man loves a woman« zum Beispiel. Unvergessen, wie sich Percy Sledge da einen abgeeiert hat. Ist einfach wunderbar, wenn du weißt, dass sich zu deinem Lied gerade tausende Menschen auf der Welt verlieben ansehen. Und zum ersten Mal küssen.

Du kannst sagen »Ich habe gelebt«, wenn du einen großen Bruder überlebt hast

Immer wenn mich mein Bruder rief: »Hier, halt das doch mal«, kam ich aufgeregt angelaufen, da ich froh war, nützlich zu sein. Spätestens aber, wenn wenige Augenblicke später Stromstöße durch meinen Körper zuckten, ahnte ich, dass etwas nicht stimmte. Mein Bruder hatte mich an eine Neun-Volt-Batterie angeschlossen. Für ihn war ich nichts weiter als eine billige Laborratte, an der er seine Experimentierfreude austobte. Sicherlich petzte ich unseren Eltern hin und wieder, was mein Bruder wieder Schlimmes mit mir angestellt hatte, und meine Eltern bestraften ihn hart dafür. Nur ließen sie mich dann wieder mit ihm allein, und mein Bruder bestrafte mich daraufhin doppelt so hart. Ich war gefangen in einer Spirale der Gewalt.

Nie werde ich den Tag vergessen, an dem mein Bruder sich eine Guillotine bastelte. Er hatte einfach eine Rasierklinge mit Blei beschwert, und nachdem er eine Mohrrübe erfolgreich um ein paar Zentimeter gekürzt hatte, war er der Meinung, dass ich nun an der Reihe wäre. Da wir keine sehr große Wohnung hatten, konnte ich nicht weit fliehen. Ich hatte keine Chance zu entkommen. Mein Bruder packte mich und schnallte meinen Finger in der Guillotine fest. Dann löste er den Hebel. Ich schrie, und die Klinge klemmte. Keine Ahnung, was genau meine Fingerkuppe gerettet hat, aber es war ein Moment, in dem ich Gottes freundliche Hand auf meiner Schulter spürte.

Mein Martyrium dauerte noch Jahre. Dann fing mein Bruder an, sich mehr für Mädchen zu interessieren anstatt dafür, ob es ihm gelingen würde, meine Füße am Fußboden festzukleben (ja), oder wie lange sein kleiner Bruder es im Kopfstand aushält, ohne ohnmächtig zu werden (eine halbe Stunde). Er hatte meine Füße an einem Haken an der Wand aufgehängt.

Du kannst sagen »Ich habe gelebt«,
wenn du eine Sonnenfinsternis erlebt hast

Es gibt wenige Dinge im Leben, auf die man sich verlassen kann. Dinge, die sich nie verändert haben und sich nie verändern werden. Die Gezeiten. Der Wechsel zwischen Tag und Nacht, Sonne und Mond. Hysterische Frauen.

Die Sonne. Sie ist so stark, so kraftvoll. Sie ist so heiß. Und doch so fern. Die Welt dreht sich nur um sie. Kurzum: Es ist grässlich, wenn sie erlischt.

Viele von euch werden sagen: Das ist doch nichts Ungewöhnliches. Sonnenfinsternis erlebe ich jeden Abend. Aber wir reden von der Sonnenfinsternis am Tag, die nur alle hundert Jahre passiert. Wenn überhaupt. Ein Jahrhunderterlebnis eben.

Du kannst sagen »Ich habe gelebt«, wenn du eine große Erfindung miterlebt hast

Also, die meisten Indianer sind wirklich schlecht draufgekommen, als das erste eiserne Pferd an ihnen vorbeifuhr. Nun sind Indianer ja nicht besonders fortschrittsgläubig. Aber das Dampfross auf Schienen hat ihnen recht imponiert. Schließlich hat sich die Menschheit früher immer gut hunderttausend Jahre Zeit gelassen, bevor sie was Neues erfunden hat. Erst kam das Feuer, dann lange nichts, dann das Rad, dann wieder eine große Pause, bis das Rad für Auto und Lokomotive wichtig wurde. Unsere Eltern haben den Bau der Atombombe miterlebt, was auch recht toll war. Solange man sie nicht draufgeschmissen bekam. Und wir haben die Erfindung des schnurlosen Telefons und dessen blitzartige Verbreitung bis in die letzte Gelsenkirchener Hauptschule miterlebt. Nun stellt sich die Frage: Was kann die nächste Generation überhaupt noch erfinden? Kommt das Beamen endlich? Wird die Zeitreise möglich? Oder bleibt es bei vierzehn Tagen Mallorca?

Du kannst sagen »Ich habe gelebt«, wenn du einen richtig großen Fisch geangelt hast

Ernest Hemingway hat ein ganzes Buch damit vollgeschrieben und vollgejammert: *Der alte Mann und das Meer*. Die ganze unermessliche Geschichte vom Fisch und dir. Wie ewig und drei Tage überhaupt nichts passiert. Und wie du dann plötzlich ein fettes Viech an der Angel hast. Aber damit ist die wahnsinnig spannende Geschichte ja noch nicht zu Ende. Bis du den Fisch endlich an Land beziehungsweise über die Reling deines Boots gezogen hast, das kann sich tierisch hinziehen. Wie es dir langsam auf die Socken geht und dir die Kräfte schwinden. Wie du dir langatmig Gedanken machst über die Kräfte der Natur. Wie du anfängst mit dem Fisch zu reden, wie ein Fisch zu denken. Und am Ende wie im Buch für das grätige Etwas dein Leben lässt. Mit etwas mehr Glück trägst du ihn stolz nach Hause und schaffst es sogar auf die Titelseite der Lokalzeitung. Wir wünschen schon mal Petri Heil.

Du kannst sagen »Ich habe gelebt«, wenn du im Lotto gewonnen hast

Wäre es nicht wunderschön? Einfach so. Über Nacht. Eine gepflegte Sechs mit Superzahl. Macht dreizehn Millionen Euro. Aber was tun, wenn dich der Glückspfeil tatsächlich trifft? Du hast zwei Alternativen.

Was macht der deutsche Durchschnittsgewinner? Er kündigt nicht, wohnt weiter ganz bescheiden in der Doppelhaushälfte, kauft sich den neuesten C-Klasse-Mercedes (Diesel) und gönnt sich vierzehn Tage Urlaub in der Dominikanischen Republik. Der Rest des Geldes wird zu 4,18 Prozent bei der Kreissparkasse angelegt. Alle machen das. Na gut, alle außer Lotto Lothar. Der hat sich erst mal einen gelben Lamborghini gekauft. Und eine doppelte Runde Schnaps für seine Kumpels springen lassen. Dann saß er immer mit Schampus im Liegestuhl im Garten und hat seine Alte rumkommandiert. Eines Tages hat ihn dann seine Frau verlassen – für einen armen Nachbarn. Dann kamen die Schnorrer und die Neider, und die Kohle wurde weniger, und irgendwann hatte die *Bildzeitung* wieder eine Schlagzeile: Lotto-Lothar einsam, arm und alkoholkrank gestorben.

Du kannst sagen »Ich habe gelebt«, wenn du im Weltall *gewesen bist*

Es gab schon mehrere Multimillionäre, die für ein paar Millionen Dollar einen Trip in den Weltraum gemacht haben. Die haben sich mit so einer betagten Sowjetrakete ins All schleudern lassen, um dort tagelang in einer winzigen Kapsel auszuharren und die Erde zu betrachten. Wenig spektakulär, könnte man meinen. Was siehst du von da oben? Nichts, bis auf die Chinesische Mauer und die Beine von Nadja Auermann. Aber es hat auch Vorteile: Du bist schwerelos. Ziemliche Idylle. Kein Stau bei der Hin- oder Rückreise.

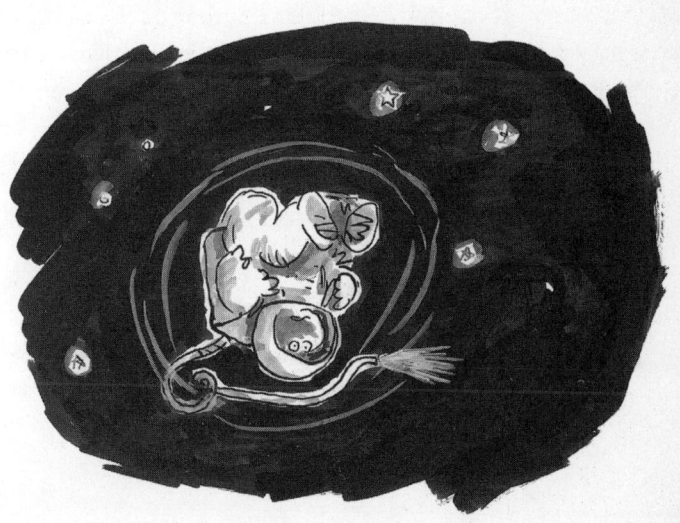

Du kannst sagen »Ich habe gelebt«,
wenn du jahrelang eine Stammkneipe hast

Als Deutscher nimmt man das Wort »Heimat« ja eher ungern in den Mund. Aber wenn es um die Stammkneipe geht, darf man es tun.

Dein zweites Wohnzimmer eben. Wo dir das Getränk kommentarlos gereicht wird. Wo du auch mal auf den Boden aschen kannst und was verschütten, ohne dass du mit dem Wischreflex, den dir deine Eltern antrainiert haben, in die Küche rennst, um den Lappen zu holen. Auf dem Klo hast du *dein* Pissbecken, das du immer ansteuerst und auf das du im Zweifel auch mal warten würdest. Es gibt Kerzen auf dem Tisch, mit denen du wunderbar spielen und sauen kannst. Und einen Bierdeckel, der am Ende des Abends voller Striche ist. Mit anderen Worten: Es gibt keinen vernünftigen Grund, weshalb du nicht jeden Abend in einer Kneipe abhängen und deine letzte Kohle versaufen solltest.

Du kannst sagen »Ich habe gelebt«, wenn du ein Star warst

Du bist ein Star, wenn ein Stück Papier für jemanden wertvoll wird, indem du es unterschreibst. Und das Papier ist kein Scheck. Einfach deinen Namen kritzeln und damit einen Menschen glücklich machen. Einmal nur.

Im Supermarkt spricht dich ein junges, sehr hübsches Mädchen an, das vor Aufregung fast hyperventiliert. Und dein Autogramm gibst du ihr auf die Cornflakespackung, weil gerade nichts Besseres zur Hand ist. Sie schwört, dass sie es sich zu Hause übers Bett hängen wird. Sie weiß alles über dich. Was dein Hund am liebsten isst. Welches Fußballteam du verehrst. Sie schließt dich in ihre Nachtgebete ein. Als du sagst: »Nett, dich getroffen zu haben«, fängt sie an zu schluchzen und schließlich lauthals zu weinen. Vor Glück. Halb ohnmächtig vor überwältigenden Gefühlen, taumelt sie dir in die Arme. Ihre Mutter kommt um die Ecke und steht wie vom Schlag getroffen da. »Sind Sie es wirklich?« Jetzt hat auch die Frau hinter der Wursttheke mitbekommen, dass DU im Supermarkt bist. Sie reißt sich den Kittel vom Leib, entblößt ihren Oberkörper und schreit, während sie sich zwischen den Würsten wälzt: »Nimm mich, nimm mich jetzt«, als plötzlich der Wecker klingelt und Mutti reinkommt, um dich zu wecken.

Du kannst sagen »Ich habe gelebt«, wenn du mit dem Zirkus herumgereist bist

Zirkusdirektor ist ein dufter Job. In toller Uniform in die Manege laufen und mit tiefer Stimme rufen: »Ladies und Gentlemen!« Mit unglaublich gelenkigen Frauen durch die Welt reisen, die sich in einen Schuhkarton quetschen können. Die anderen Männer sind nur Clowns. Du hast eine Peitsche und einen Wohnwagen mit Satellitenantenne. Und schläfst mit Stephanie von Monaco.

Aber auch als einfacher Löwenscheißewegschaufler ist das Leben im Zirkus aufregend. Du kannst den ganzen Tag Zirkusluft schnuppern. Auch wenn sie manchmal nach den Fäkalien des Königs der Tiere riecht. Du kannst alle paar Tage aufbrechen und in einer anderen Stadt ankommen. Du darfst eine Vokuhila-Frisur tragen und Glitzer-Pailletten auf deinen Klamotten. Und du darfst jeden Tag umsonst eine Zirkusvorstellung anschauen. Da spart man sich ganz schön was zusammen.

Du kannst sagen »Ich habe gelebt«,
wenn du ans Christkind geglaubt hast

Ende August, wenn die großen Kaufhäuser anfangen ihre Schaufenster weihnachtlich zu schmücken, beginnt das Fest der Liebe. Wenn sich der erste Radiosender dann im Oktober traut, *Last Christmas* von Wham! zu spielen, ist das Christkind schon fast unterwegs, um die Geschenke zu bringen. Anfang November schreiben die Kinder dann eine Aufstellung mit den Wünschen für die Bescherung, damit Papi durch etwaige Lieferengpässe nicht in Schwulitäten kommt: Playstation 4, das Spiel Knighthawk Death Killer Destroyer, UMTS-Handy, Laptop, Dolby-Surround-Heimkino-System. Eben all das, was ein sechsjähriges Kind heutzutage braucht, um in der Schule nicht ausgelacht zu werden.

Es ist selbst für Kinder schwer zu verstehen, was es mit Weihnachten auf sich hat. Das geht los mit Nikolaus. Da kommt ein Mann, der so spricht und aussieht wie Onkel Rolf. Nur trägt er einen roten Anzug und einen weißen Bart und will Gedichte hören. Es folgen die Wochen, wo Mutti und Papi viel streiten, weil sie sehr gehetzt sind. Diese Zeit wird besinnliche Zeit genannt. Dann, wenn du Mitte des Monats deinen Adventskalender in einer Nacht-und-Nebel-Aktion geplündert hast, dauert es nur noch zwei Wochen, bis das Christkind kommt. Es ist aber offenbar vor vielen Jahren an Weihnachten auch noch das

Jesuskind geboren worden. Deshalb müssen alle in die Kirche, bevor es die Geschenke gibt. Papi schimpft, dass der Christbaum so nadelt und den Teppich kaputtmacht. Du schaust aufgeregt Fernsehen. Wie jedes Jahr *Der Graf von Monte Christo* mit Richard Chamberlain (in den Mutti mal verliebt war). Papi kommt rein und behauptet, das Christkind hätte gerade etwas abgegeben. Es sind erfreulicherweise die Geschenke, die du bei Mutti und Papi schriftlich eingefordert hat. Das Christkind ist anscheinend eine Art Kurierdienst für Geschenke. Du tust so, als würdest du dich auch über den selbstgestrickten Pulli von Omi freuen. Obwohl er kratzt. Weihnachten ist sehr schön. Nur das Christkind würdest du gerne mal mit eigenen Augen sehen.

FOLGE 4

Du kannst sagen »Ich habe gelebt«, *wenn du hundert Prozent Trinkgeld gegeben hast*

Schon mal hundert gesagt, wenn sechsundvierzig Euro achtzig auf der Rechnung standen? Nur um noch ein Lächeln von der Bedienung zu bekommen? Oder noch besser: fünfundneunzig. Damit sie noch ein bisschen neben dem Tisch stehen bleibt und mit ihren langen Fingern in der Geldbörse kramt, um dir dann ihr strahlendes Lächeln zu schenken. Um eine solche Tat zu verstehen, müssen wir zunächst die sexuelle Attraktivität von Bedienungen erkunden. Ein gutes Essen beginnt damit, dass du dich in die Bedienung verliebst. Sie kommt nur für dich an den Tisch, sie kommt, wann du es willst, und ist doch unnahbar.

Es gab einmal in einem italienischen Café in München-Schwabing eine Bedienung namens Anna, die war so unbeschreiblich sexy und aufregend, dass nahezu das ganze Café mit Jungs besetzt war, die nur wegen ihr gekommen sind. Jeden Tag. Und sie hat jeden so behandelt, als wäre man seit vielen Jahren ihr Geliebter. Wenn man es nicht mehr nötig hat, sich in der Öffentlichkeit zu küssen und zu streicheln. Anna hatte immer so knappe Oberteile an, die einen freien Blick auf ihren schlanken Bauch erlaubten. Manchmal starrten dreißig Augenpaare auf ihren wundervollen Bauchnabel. Und Anna hat so getan, als wäre es das Normalste auf der Welt.

Irgendwann hat dann mal ein Typ das Unglaubliche gewagt. Er hat sie angesprochen. Er saß drei Monate lang jeden Tag am selben Tisch (außer Mittwoch, da hatte Anna ihren freien Tag). Er sah völlig normal aus, genau wie alle anderen auch. Er hat gesagt: »Wollen wir vielleicht heute Abend zusammen essen gehen?« Das ganze Café hat den Atem angehalten. Und was hat sie geantwortet? »Klar, gerne. Um zehn Uhr habe ich frei.« Ich hatte das Gefühl, sie war froh, dass sie endlich mal jemand angesprochen hat. Ich glaube, das ist das Problem bei Superfrauen. Niemand traut sich, sie anzusprechen. Ich bin auf jeden Fall nicht mehr in das Café gegangen. Ich stehe nicht auf Frauen, die leicht zu haben sind.

Du kannst sagen »Ich habe gelebt«,
wenn du gegen das Gesetz verstoßen hast

Im Aquarium »Two Oceans« in Kapstadt steht am Eingang ein Schild. Darauf heißt es: Fischen verboten. Ist das nicht ein geiles Verbot? Es macht auf jeden Fall Sinn, weil das wäre ja für die Besucher erheblich uninteressanter, wenn die Aquarien leer gefischt wären.

Die besten Gesetze haben aber immer noch die Amerikaner. Da gibt es Orte, in denen rosafarbene Balkone verboten sind, und Bundesstaaten, die Oralsex untersagen. »Frau Ludmilla Patterson, entspricht es der Wahrheit, dass Sie Ihren Ehegatten Francis Patterson in der Nacht vom dritten auf den vierten Oktober 1982 im heimischen Ehebett mit einer sexuellen Technik namens Fellatio zufriedengestellt haben?« – »Ja, Herr Richter.« – »Okay, zehn Jahre Knast. Abführen.« So sind die Amis. Kein Spaß.

Aber auch in Deutschland steht man schnell vor Gericht: Ein paar deutliche Worte an die Politesse gerichtet, und schon kann man fünfzehnhundert Euro ablatzen. Einmal nackt gegen die Pelzindustrie demonstriert, und schon ist man zur Ableistung von Sozialstunden verknackt. Sechsundvierzig schwere Diebstähle unter Drogeneinfluss, und schon ist die erste Bewährungsstrafe fällig. Um in Deutschland ins Gefängnis zu kommen, musst du die Richter schon nachhaltig von deiner Asozialität überzeugt haben. Das geht eigentlich nur mit Steuerhinterziehung.

Du kannst sagen »Ich habe gelebt«,
wenn du im Leben richtig arm warst

K annst du dich noch erinnern, als du das letzte Mal Hunger gehabt hast? Hunger ist nicht das Gefühl, das man bekommt, wenn man mal vier Stunden nichts gegessen hat und der dritte Gang im Restaurant einfach nicht kommen will. Hunger ist, wenn trockener Reis zum besten Essen deines Lebens wird. Wenn du deine Finger am liebsten mitessen würdest.

Wenn man mit seinen Großeltern über den Krieg spricht und über die Zeiten danach, als sie nichts zu essen hatten und in irgendwelchen Bunkern rumsaßen, klingt das immer so, als wäre das auch eine schöne Zeit gewesen. Als ob Wohlstand die Gefühle dämpft und die Menschen betäubt. Als ob Geld Mauern zwischen den Menschen aufbaut, die die Armut einreißt. Als ob Armut das Beet ist, auf dem die Liebe wächst. Ich glaube, ich muss fünf Euro ins Pathosschwein werfen. Sorry, Leute.

Du kannst sagen »Ich habe gelebt«,
wenn du jeden Tag Zeitung gelesen hast

Neulich habe ich in der Zeitung meines Vertrauens gelesen, dass ein thailändischer Kickboxer eine Kuh mit einem gezielten Tritt getötet hat, da sie ihn, wie der Mann vorgab, getreten habe. Weil er sich anschließend auch noch sexuell an ihr verging, wurde er von einem thailändischen Gericht zu einem Jahr Gefängnis verurteilt. Heftiger Typ, denke ich mir da am Frühstückstisch. Ich stelle mir vor, wie sich das anfühlt, Sex mit einer toten Kuh. Ich denke an Susanne. Sie blickt mich böse über den Frühstückstisch an. Sie hasst es, dass ich jeden Morgen die Zeitung lese.

Die Welt ist eine Seifenoper, die sich dir nur erschließt, wenn du jeden Tag brav deine Zeitung liest. Erst ein kurzer Blick auf die Aktienkurse. Dann den Wirtschaftsteil samt Feuilleton unbenutzt fürs Altpapier freigeben.

Bevor ich in den Bus steige, noch schnell die *Bildzeitung* kaufen. Klatsch und das Horoskop und du bist fit für den Tag. Der Höhepunkt: Sport. Sollte ich heute mit meinem Chef über die Gehaltserhöhung sprechen? Was passiert an der Luder-Front? Was sagt Paul Breitner zur aktuellen Entwicklung beim FCB? Und was Udo Lattek? Und ist es nicht erstaunlich, dass Franz Beckenbauer so viel über nichts weiß?

Du kannst sagen »Ich habe gelebt«, wenn du einen Monat lang Werbung boykottiert hast

Es gibt Statistiken, wonach wir am Tag mit zweitausend Werbebotschaften vollgeschissen werden. Es gibt nahezu keinen Ort auf der Welt, wo du dem Coca-Cola-Schriftzug entgehen kannst. Keine Wüstenoase und kein Bergkaff in den Anden ohne Reklame für die amerikanische Imperialistenbrause. Noch schlimmer sind die schlecht gemachten Radiowerbungen. Für Schaumpartys in Proletendiskotheken, die an irgendwelchen Autobahnausfahrten liegen. Mit der tollen Stamperl-Happy-Hour (zehn Stamperl für zehn Euro). Da bleibt nur der totale Boykott. Ein Monat ohne Reklame stutzt dein Konsumverlangen wieder auf Normalmaß.

Aber wie soll man das schaffen? Du bleibst den ganzen Monat zu Hause. Draußen wäre es viel zu gefährlich (Plakatwände, Werbezeppeline, Reklame auf Autos und Trambahnen, Flugblätter). Du hörst keinerlei Radio oder Fernsehen (selbst bei den Dritten Programmen muss abends mit Product-Placement der plumpsten Sorte gerechnet werden). Auch Zeitungen und Briefe (könnten von der SKL sein) sind verboten. Du lebst ein Einsiedlerleben im Stil von Big Brother. Nur dass nicht noch neun andere Volltrottel bei dir in der Bude rumsitzen. So streng wollen wir mal nicht sein.

Du kannst sagen »Ich habe gelebt«,
wenn du im Puff warst

Hi Süßer. Wie wär's mit uns beiden. Lass uns hoch gehen, da besorg ich's dir richtig«, sprach Amanda. »Willst du nur ficken oder soll ich dir nicht lieber auch noch einen blasen?« fragte Lilly. »Dreißig Minuten ist zu wenig, Schatz, lass uns zwei Stunden bumsen, dann habe ich richtig Zeit für dich«, argumentierte Mandy. Die drei Mädchen waren wirklich prima. Wir haben uns gut unterhalten. Ich habe mich für Lilly entschieden. Eine Stunde einschließlich einer Flasche Piccolo-Sekt für hundertachtzig Euro. Da kann man nichts sagen. Kaum waren wir im Bett, hat Lilly heftig zu stöhnen angefangen. Boah, hat die gestöhnt. Ich glaube, es hat ihr gut gefallen.

Du kannst sagen »Ich habe gelebt«, wenn du auch mit dreißig noch Spaß hast

Wie wir alle wissen, ist das Leben mit achtzehn Jahren im Grunde gelaufen. Du warst besoffen, bist entjungfert, hast mehrere Fußballweltmeisterschaften miterlebt. Was soll da noch kommen? Na gut, du kannst Frauen dutzendweise abschleppen, jeden Abend mit einem Rausch nach Hause kommen. Aber es wird nie wieder so schön sein wie beim ersten Mal.

Jeder kennt die traurige Realität von neunundzwanzig Jahre alten Menschen, die in zwei Hälften zerfallen: Unzufriedenheit und Unfähigkeit. Mit neunundzwanzig bist du üblicherweise beziehungsgestört. Gelinde gesagt. Du bist genau so oft verletzt und verlassen worden, dass du dich in deinem Leben unmöglich auch nur in eine weitere Frau verlieben kannst. Du hast jahrelang ein unnützes Fach studiert und einen Beruf gefunden, der zwei Jahre lang einigermaßen spannend war und sich jetzt pünktlich kurz vor deinem dreißigsten Geburtstag in seiner ganzen Eintönigkeit offenbart. Du kannst dir kaum etwas Schlimmeres vorstellen, als deinen Job noch bis zum fünfundsechzigsten Lebensjahr durchzuziehen. Um noch mal von vorne anzufangen, ist es jetzt allerdings zu spät. Das Leben ist vorbei. Aber du bist noch nicht tot. Du musst noch Jahrzehnte runterreißen. Also beiß die Zähne zusammen und geh uns nicht mit deinem Gejammer auf die Socken.

Du kannst sagen »Ich habe gelebt«, *wenn du jeden Tag im Leben gelacht hast*

Charlie Chaplin hat gesagt: »Jeder Tag, an dem du nicht gelacht hast, ist ein verlorener Tag.« Aber wer kann das schon von sich behaupten? Hand aufs Herz. Keiner. Kannst du dich noch an den verregneten Herbsttag erinnern? Als du fünfzehn Jahre alt warst. Unglücklich verliebt. Dann der Fünfer in der Matheaufgabe. Hausarrest von Papi. Schwere Akne. Hast du da gelacht? Tja, und was war am elften September 2001, hast du da gelacht? Was hätte Charlie Chaplin gesagt, wenn du am elften September gelacht hättest?

MY LIFE IN A NUTSHELL

FOLGE 5

Du kannst sagen »Ich habe gelebt«,
wenn du über dich selber lachen kannst

Würden sich die Leute halb so wichtig nehmen, wäre die Welt doppelt so lustig. Warum nur können viele Leute nicht über sich lachen? Ein Erklärungsversuch.

Jeder kennt den Trick, im Restaurant aus dem Fenster zu deuten und zu sagen: »Schau mal, da ist ein Reh.« Während das Opfer des Tricks dann ganz aufgeregt aus dem Fenster glotzt, stiehlst du ihm in aller Ruhe ein paar Pommes.

Ich habe mal einen kennen gelernt, der hat aus dem Fenster gesehen und gesagt: »Ich sehe kein Reh.« Ich: »War nur ein Spaß, wollte nur eine Pommes klauen.« Er: »Wieso bestellst du dir nicht selber Pommes, wenn du welche essen willst?« Ich: »Wollte nur eine probieren.« Er: »Wieso fragst du nicht einfach?« Ich: »Darf ich bitte eine Pommes probieren?« Er: »Noch eine?« Ich: »Nein, ich frag nur nachträglich.« Er: »Nachträglich fragen geht nicht.« Ich: »Okay. Ich möchte bitte doch noch eine.« Er: »Meinetwegen, wenn's sein muss.« Ich nehme eine Pommes und halte sie ihm hin: »Die schenk ich dir, dann sind wir wieder quitt.« Er: »Das geht nicht.«

Geile Geschichte, oder?

Du kannst sagen »Ich habe gelebt«, *wenn du jung geblieben bist*

Es gibt nichts Schlimmeres als Leute, die sich für »ein bisschen verrückt« halten. Oder die sagen, sie wären »jung geblieben«. Das sind die uncoolsten Spießer überhaupt. Das sind Leute, die sagen: »Lass uns heute mal ganz was Verrücktes machen«, und die dann ohne vorher reserviert zu haben ins Restaurant gehen. Oder sie gehen zum ersten Mal in ihrem Leben zu McDonald's. Und dann gibt es einbeinige Transvestiten, die sich selber für spießig halten, aber schon seit Jahren auf den Strich gehen und von Klebstoffschnüffeln abhängig sind. Irgendwo dazwischen musst du dich einordnen. Das Geheimnis liegt darin, völlig verrückte Sachen ganz normal zu finden. Sex mit zwei Frauen – nicht der Rede wert. Barfuß durch die Serengeti – was soll's. Aber ganz normale Sachen als Verrücktheit erleben: Frühstück als Happening. Buch lesen als endgültiger Event. Sex mit der langjährigen Ehegattin als ultimativer Hype. Das hält jung und verrückt.

Du kannst sagen »Ich habe gelebt«, wenn du auf der Jagd gewesen bist

Was muss das für ein Leben gewesen sein: Morgens schnell das Fell umbinden, Speer einpacken und dann den ganzen Tag im Wald rumrennen und jagen. Zwischendurch die Neandertalerin vom Nachbarn verführen und abends stinkend und hungrig mit einem Wildschwein auf dem Rücken heimkommen und die Füße hochlegen, während die Frau dich bekocht. Dann vielleicht noch einen geblasen bekommen.

Das sind natürlich längst vergangene Zeiten, die sich mit den emanzipierten Vorstellungen des modernen Mannes nicht mehr in Einklang bringen lassen. Dennoch ist der Mann ein Jäger geblieben.

Rumsitzen, anschleichen, umbringen. Das macht Spaß. Das ist nun mal genetisch verankert.

Du kannst sagen »Ich habe gelebt«, wenn du einen ganz individuellen Kosenamen für deine Freundin gefunden hast

Schatz, ich liebe dich. Schnucki, du bist meine Maus, der Hase meines Herzens, die Zuckerschnecke schlechthin.« Die wahre Megabraut lockst du mit solchen Kosenamen nicht hinter dem Ofen hervor. In Zeiten, in denen serielle Monogamie als bevorzugtes Lebensmodell gilt, ist es allerdings ganz praktisch, wenn du dich nach dem Sex nicht an einen bestimmten Namen erinnern musst. War es Stefanie oder Susanne, die du da gerade beglückt hast? Da hilft ein »Schatz, ich liebe dich«, das du sabbernd ins Kopfkissen seufzt, während du schon wieder an Fußball oder dein Auto denkst.

Aber immer mehr Frauen verlangen nach individueller Behandlung. Deshalb musst du dir etwas ausdenken, das noch nie ein Mann zu seiner Geliebten gesagt hat. Die einzigartige Liebkosung. Da brauchst du mit Tieren gar nicht anzufangen. Es gab bestimmt schon jemanden, der seine Braut Löwin oder Igelchen genannt hat. Selbst Seepferdchen oder Stinktier ist abgegriffen. Auch bei Obst oder Gemüse hast du keine Chance. Von Zwiebel bis Tomate ist alles schon für Balzzwecke missbraucht worden. Bleibt nur die individuelle Wortschöpfung. Habelunke klingt schäbig, Titalonie anmaßend. Vielleicht besser Sumsane oder Knistierlchen. Oder Römmelpops oder Schnaffelzwicke. Sie wird dich jedenfalls für deine Kreativität lieben.

Du kannst sagen »Ich habe gelebt«,
wenn du beim Sex stirbst

Man sieht sie immer wieder, die weißhaarigen tattrigen Männer, die eine junge Blondine in ihrem Mercedes durch die Gegend fahren. Wo sich jeder denkt: Die schläft jetzt noch ein paarmal mit dem, und dann stirbt er und sie erbt die Millionen. Da muss ich sagen: Genau so muss es laufen. Am besten fand ich die Anna Nicole Smith und ihren hundertjährigen US-Milliardär. Wo man sich genau vorstellen konnte, wie sie den Alten hergenommen hat zwischen ihren riesigen Silikonbrüsten. Im Grenzbereich zwischen Ficken und Fleddern. Wie er dank sieben Viagratabletten die finale Resterektion bekommen hat. Wie seine osteoporösen Knochen knarzten, als sie auf ihm ritt. Wie sie in sein faltiges Ohr flüsterte: »Ich fick dich tot.« Und wie er dann die Augen verdrehte und starb. Sie schaut noch mal auf den alten Mann, ein bisschen wehmütig, packt ihre Sachen, ruft ihren Freund an und tschüss.

Du kannst sagen »Ich habe gelebt«,
wenn du das Gefühl kennst, dass die
Sonne nur für dich geschienen hat

E s gibt Tage, an denen ist die Sonne ein Scheinwerfer,
der nur auf dich gerichtet ist. Feel it.

Du kannst sagen »Ich habe gelebt«, wenn du Fußballfan warst

Könnt ihr euch noch erinnern, wie Klaus Fischer im Halbfinale gegen Frankreich das Tor per Fallrückzieher erzielt hat? Kurz nachdem Toni Schumacher dem französischen Angreifer die Zahnleiste rausgefaustet hat? War das ein geiles Spiel! Aber gibt es überhaupt ein ernst zu nehmendes männliches Wesen auf dieser Erde, das sich an solch epochale Ereignisse nicht erinnern kann?

Wisst ihr noch, wie Klaus Augenthaler in der neunzigsten Minute im Halbfinale das Eigentor geschossen hat? Könnt ihr euch an den Kolumbianer erinnern, der bei Bayern gespielt hat und der nur »der Entlauber« genannt wurde, weil er immer tierisch danebengeschossen hat und im Trainingsgelände den Baum hinterm Tor regelmäßig von seinen Blättern befreit hat? Wisst ihr noch, wie Bruno Labbadia im Interview gesagt hat: »Ich finde, man sollte die Geschichte nicht hochsterilisieren«?

Fußballfan ist man nicht für sich allein. Man bewahrt nur den Samen der Begeisterung und Freude über Fußball auf, um ihn an seinen Sohn weiterzugeben. Ziemliche Machophilosophie, wa? Aber mindestens so geil wie das UEFA-Cup-Spiel von Karlsruhe, wo Euro-Eddi fünf Tore geschossen hat. Ihr wisst schon, welches.

Du kannst sagen »Ich habe gelebt«, wenn du deine ersten Erlebnisse mit Mädchen machst

Vierzehn Jahre. Tolles Alter. Überall Abenteuer. Du trägst immer noch das alte Sweatshirt mit dem Skispringer, das dir Mutti zum zwölften Geburtstag geschenkt hat. Du kannst endlich auf Lunge rauchen, ohne dass dir schlecht wird. Du kannst den Alkoholkonsum auf Partys endlich so genau justieren, dass du erst gegen Ende der Party kotzen musst. Und du hast deinen ersten Zungenkuss hinter dich gebracht. Es war toll. Ein bisschen feucht vielleicht noch, aber toll. Das nächste große Abenteuer steht bevor. Es heißt Petting. Das ist eine Art verschärftes Knutschen mit Sex, ohne sich dafür extra auszuziehen. Das Hauptproblem der Pettingphase ist, einen geeigneten Ort zu finden, wo nicht alle naselang deine Mutti reinkommt, um euch Kekse anzubieten. Während die Amerikaner mit ihrer sexueller Entwicklung ganz konsequent warten, bis sie mit achtzehn ihr eigenes Auto und damit ihre eigene Pettingrückbank haben, müssen wir uns eigene Freiräume erkämpfen. Wer hat nicht seinen Eltern ganz uneigennützig Theater- und Kinokarten geschenkt, um sie des Abends aus der Bude zu bekommen. Am besten geeignet sind übrigens französische Autorenfilme in Überlänge oder Opern. Dann sitzt du mit deiner ersten Liebe zu Hause und legst alibimäßig eine Videokassette ein. Doch noch während des Vorspanns gehst du deiner Auserwählten derart an die Wäsche, dass das Petting an eine Art Sofakampf erinnert.

Viele feinfühlige Menschen vermissen in dieser Geschichte die Liebe. Dieses Kribbeln im Bauch. Die leisen Töne. Romantische Momente. Händchenhalten im Sonnenuntergang. Nächtelang durchtelefonieren. Minutiöse Tagebucheinträge. Eifersuchtsdramen. Die ersten Kosenamen ersinnen. Schmusetiere verschenken. Kleine Nilpferde, die Pumpel heißen. Und ein violettes Nashorn, das du für sie Mopsi taufst. Kompromisslose Liebesschwüre (»Bis ans Ende der Welt«). Du nimmst ihr Kassetten auf mit deinen Lieblingsliedern (aus der Hitparade im Radio). Nimmst sogar Reitstunden. Und dann macht sie Schluss wegen des Typen in der Nachbarklasse. Einfach so. Reißt dir das Herz heraus. Beendet eure wunderbare Beziehung. Obwohl ihr schon siebzehn Tage zusammen wart.

MY LIFE IN A NUTSHELL

FOLGE 6

Du kannst sagen »Ich habe gelebt«, *wenn du mit hundert Frauen geschlafen hast*

In der fundamentalistisch-christlichen Ecke wird dieser Grund für ein erfülltes Leben sicher eher zurückhaltend aufgenommen. Ich räume ein: Es gibt im Alten Testament keine Stelle, wo der serielle Beischlaf mit dutzendweise Weibsvolk ausdrücklich begrüßt wird. Das ist wohl richtig. Auch ist das weibliche Geschlecht bei der Wahl seiner Geschlechtspartner eher auf Qualität fixiert als auf Quantität. Deshalb wird diese Forderung auch geschlechterübergreifend nicht auf das positive Echo stoßen, das wir uns wünschen würden. Wir halten die Zahl von hundert, aufs Leben gerechnet, ehrlich gesagt nicht für sonderlich hoch. Bei einer durchschnittlichen Lebenserwartung von achtzig Jahren entspricht das gerade mal 1,25 Frauen pro Lebensjahr. Das heißt, du verbringst durchschnittlich 270 Tage mit einer Frau.

Wir wollen das mal anschaulicher machen: Wenn man von einer durchschnittlichen Penislänge von zwanzig Zentimetern ausgeht, »erfährt« eine Frau bei einem Geschlechtsverkehr durchschnittlich hundert Meter. Wenn du nun im Durchschnitt alle zwei Tage Sex hast, kommst du auf einhundertfünfunddreißig sexuelle Begebenheiten mit jeder Frau. Das heißt, du hast bei jeder Frau 13,5 Kilometer auf dem intimen Tachometer, wenn du die Partnerin wechselst. Das muss doch wohl reichen.

Du kannst sagen »Ich habe gelebt«,
wenn du fremdgegangen bist

Es gibt tatsächlich Menschen, die ihr Leben lang treu bleiben. Mein Lateinlehrer war so einer. Unter fünfhundert Millionen Menschen gibt es nur eine Frau, die überhaupt in Erwägung ziehen würde, mit dem etwas anzufangen. Und mit Gottes Willen hat er genau diese Frau gefunden. Im Lehrerzimmer. Die Musiklehrerin. Würde die Beziehung in die Brüche gehen, sähe es ziemlich schlecht aus. Der europäische Raum wäre schon rein statistisch ziemlich aussichtslos für ihn. Da würde nur noch Afrika bleiben. Aber wie die Richtige finden unter einer halben Milliarde Frauen? Da hat er sich entschieden: Ich bleibe treu. Und das hat er auch allen Schülern erzählt. Gebetsmühlenartig.

Das alternative Konzept für die etwas Attraktiveren ist serielle Monogamie. Das heißt übersetzt: Du bleibst solange treu, bis eine Bessere kommt.

Du kannst sagen »Ich habe gelebt«, wenn du eine große Narbe hast und eine abenteuerliche Geschichte dazu

Es war im Dschungel von Zimbabwe, als mich die Hyäne anfiel. Ich hörte sie noch hysterisch lachen. Wenige Sekunden später hatte sie mir bereits die Bauchdecke weggerissen. Ich schlug wie verrückt vor Schmerz auf ihren Kopf, doch sie hatte sich mit aller Kraft festgebissen. Mein Blut lief aus ihren Fängen. Erst als ich ihr die Finger in die Augen presste, ließ sie los und sprang zurück ins Dickicht ...

Mit ein wenig Phantasie kann auch eine gewöhnliche Blinddarmnarbe das andere Geschlecht beeindrucken. Ein ausgewachsener Mann sollte mindestens fünfundzwanzig Narben vorweisen können. Davon sollte mindestens eine Narbe von einem wilden Tier verursacht worden sein. Toll ist natürlich, wenn es sich dabei um eine Raubkatze oder einen Hai handelt. Dackel kommen weniger cool. Eine Narbe sollte von einem Motorradsturz kommen. Wenn es geht von einer BMW. Und nicht unter 250 Kubik. Eine Narbe solltest du dir beim Sex zugezogen haben. Auf der Klippe oder im Auto. Eine Narbe sollte aus einem Straßenkampf stammen. Wehrlos gegen eine mit Messern fuchtelnde Rockerbande. Eine sollte dir ein anderer Mann zugefügt haben. Aus Eifersucht. Eine sollte dir eine Frau zugefügt haben. Aus Eifersucht. Eine Narbe solltest du dir selber beigebracht haben. Und eine im Herzen tragen, die keiner sieht.

Du kannst sagen »Ich habe gelebt«, *wenn du die wirklich wichtigen Bücher gelesen hast*

Es gibt Bücher, die vergisst du dein Leben lang nicht. Wo du die ganze Nacht über liest und dich am nächsten Tag krank meldest, weil du mit *Der Name der Rose* nicht ganz durch bist. Oder die Wochen, als du *Herr der Ringe* gelesen hast, plötzlich ein Hobbit warst und einen Freund hattest, der zaubern konnte. Bekifft *Per Anhalter durch die Galaxis* lesen und dich danach wie der depressive Roboter Marvin fühlen. Deiner ersten Freundin *Der kleine Prinz* vorlesen und von der unsterblichen Liebe träumen. Mit einer Frau zusammenleben, die in Commissario Brunetti verliebt ist. Mit *Hannibal* und Gisbert Haefs die Alpen überwinden. In der Schule die *Buddenbrooks* lesen müssen und dabei die Liebe an der Sprache entdecken. Sich ein paar Monate fühlen wie Charles Bukowski. *Das Foucaultsche Pendel* durchgeackert und nichts verstanden haben. Als Fünfzehnjähriger Hermann Hesse lesen und glauben, du hast die Welt verstanden.

Du kannst sagen »Ich habe gelebt«,
wenn du in Afrika warst

Afrika ist ein Haufen Sand und Elefantenscheiße. Die Fußballer sind zu ballverliebt. Über den TÜV brauchen wir gar nicht zu reden. Der Schwarze Kontinent macht hauptsächlich durch die alljährliche Weihnachtskartenkollektion von UNICEF auf sich aufmerksam. »Stop, das geht zu weit«, ruft da mancher, »man darf Afrika nicht als Erdteil der Hungernden stigmatisieren, schließlich gibt es auch einen Haufen Dealer, die es bis in unsere Stadtparks schaffen.« Spaß beiseite. Afrika ist der beste Kontinent der Welt.

Nirgendwo sonst gibt es so viel Zusammenhalt unter den Menschen. Nirgendwo sonst ist Geld so unwichtig. Nirgendwo sonst ist Zeit so relativ wie in Afrika. Wenn du mehr Zeit zum Leben brauchst, gibt es zwei Alternativen: Entweder du fliegst mit Lichtgeschwindigkeit oder du lebst in Afrika.

Du kannst sagen »Ich habe gelebt«, wenn du als richtiger Prolet durchgehst

Kannst du Kinderlieder rülpsen? Schaust du ins Taschentuch, wenn du gerotzt hast? Liebäugelst du mit einem Opel-Sportwagen? Schaust du dir abends auf DSF die schönsten Crashs der Monster-Truck-Geschichte an? Greifst du dir regelmäßig in den Schritt, um Paarungsbereitschaft zu signalisieren?

Wenn du diese Fragen allesamt guten Gewissens mit »Ja« beantworten kannst, befindest du dich in einem erfreulichen Stadium kultureller Entkrampfung. Du hast dich losgestrampelt von den protestantischen Erziehungsfesseln. Du bist Großstadtcowboy. Moderner Neandertaler. Schnapspirat. Du genießt das Leben. Okidoki. Tschüssikowsky.

Du kannst sagen »Ich habe gelebt«, *wenn du ein Bier ohne Hilfsmittel aufmachen kannst*

Wir planen ein sehr erfolgversprechendes neues Buchprojekt: »2222 Wege eine Bierflasche zu öffnen, ohne Flaschenöffner«. Bei unserer Recherchetour durch Berliner Großbaustellen haben sich drei wichtige Methoden zur öffnerlosen Erlangung des Gerstensafts ergeben. Erstens: klassisch mit dem Feuerzeug. Zweitens: aufbeißen. Drittens, man mag es kaum glauben: einfach aufreißen. Das imponiert selbst hartgesottenen Bauarbeitern, wenn du mit riesigen verhornten Fingern das Blech aufbiegst, als wäre es Butter.

Viele Frauen werden sich fragen, warum ein Mann eine Bierflasche auch ohne Flaschenöffner zu öffnen imstande sein muss? Die Antwort lautet: Weil oft kein Flaschenöffner in der Nähe ist. Und wenn du, wie der durchschnittliche Handwerker, deine dreißig bis vierzig Bier am Tag säufst, ist es dir nicht zuzumuten, dauernd einen Flaschenöffner griffbereit zu halten. Logistisch wär das viel zu kompliziert. Außerdem muss der Mann als moderner Neandertaler seine Unabhängigkeit von der Zivilisation demonstrieren. Was dem Neandertaler einst das Feuermachen ohne Feuerzeug war, ist dem modernen Mann das Flaschenöffnen mit dem Feuerzeug. Die totale Autonomie als Alkoholiker. Nur als Souverän der Pullensezierung kann der Mann deshalb in der Gesellschaft überleben.

Du kannst sagen »Ich habe gelebt«, wenn du auf einem Konzert in der ersten Reihe gestanden hast

Was haben Schimmelpilze, Zsa-Zsa Gabor und Michael Jackson gemein? Man schaut sie sich lieber nicht aus der Nähe an. Aber es gibt auch Stars, denen will man einmal im Leben ganz nahe sein. Das sind die Konzerte, wo du schon vor der Halle übernachten musst. Und dann, wenn der Einlass beginnt, rennen musst, bis du vor der Bühne stehst. Jetzt kannst du nur hoffen, dass die Leute neben dir nett sind, denn es dauert noch Stunden bis Konzertbeginn. Du siehst die tätowierten Roadys, die die Bühne aufgebaut haben und sich wahnsinnig cool vorkommen, weil sie einen Backstage-Ausweis umhängen haben. Früher oder später kommt dann der Moment, wo ein Roady auf die Mikrophone klopft und sagt: »Eins, zwei, eins, zwei.« Dann dauert es noch etwa drei Stunden, bis das Konzert beginnt. Endlich. Vier gelangweilte Rock 'n' Roller besteigen beziehungsweise heben ihre Instrumente. Der Tontechniker startet das Band. Jetzt kannst du die Stars sehen und spüren. Heulsuse Sting. Dianas Barde Elton John, der sich Schamhaare auf den Kopf transplantieren ließ. Der eins dreiundfünfzig große Peter Maffay und seine lustige Wanderwarze. Mick Jagger und sein letztes Aufgebot. Vielleicht werfen sie dir sogar ein vollgeschwitztes Handtuch ins Gesicht. Aber man soll sich nicht zu große Hoffnungen machen.

Du kannst sagen »Ich habe gelebt«, *wenn du zu deinen Falten stehst*

Wir wollten für diese Geschichte eigentlich Furchenkönig Keith Richards als Gastautor gewinnen. Der Rock 'n' Roll-Runzel waren die fünfundzwanzig Euro Honorar aber leider zu niedrig.

Falten sind die Quersumme von Gefühlen und Jahren. Je stärker die Gefühle, um so stärker die Falten. Über die Jahrzehnte lässt es sich nicht verheimlichen, wenn deine Mundwinkel immer nach unten hängen. Was gibt es Schöneres als Krähenfüße an den Augen einer dreißigjährigen Frau, der sich das Lächeln ins Gesicht gefurcht hat? Was gibt es Schrecklicheres als Frauen, die sich das Gesicht so heftig liften lassen, dass ihnen die Gesäßritze aufgeht, wenn sie lachen. Oder vom Chirurgen aufgeblasene Lippen, die ihre Besitzerinnen aussehen lassen wie einfältige Enten. Die kosmetische Industrie will, dass wir uns mit Liposomen-Vitamin-A-D-E-Anti-Falten-Cremes die Geschichte unseres Lebens aus dem Gesicht radieren. Damit wir wie die unbeschriebenen Blätter aussehen, die von den Titelseiten der Modehefte grinsen. Die jedesmal völlig anders aussehen, je nachdem, welchen Charakter ihnen der Stylist ins Gesicht gemalt hat. Keith Richards soll einmal gesagt haben: »Ich benutze denselben Waschlappen für meinen Hintern und für mein Gesicht.« Das geht in die richtige Richtung.

Du kannst sagen »Ich habe gelebt«,
wenn du einmal dreihundert km/h im Auto gefahren bist

Für jede andere Nationalität als die Deutschen ist das sowieso ein unerreichbarer Traum. Da hört die Freiheit bei hundertzwanzig km/h auf. Nicht so in ADAC-Country. Hier darf jeder, so schnell er kann. Aber sind wir mal ehrlich: Gibt es etwas Armseligeres als Autos, die bei zweihundertfünfzig km/h elektronisch gedrosselt sind?

Der menschliche Körper mit all seinen Sinnesorganen ist dafür gebaut, sich schnellstenfalls rennend, also mit acht km/h, fortzubewegen. Kein Wunder, dass für Frauen meist bei hundertdreißig km/h Schluss ist. Da geht dann aber auch schon alles recht schnell. Zweihundertacht Meter Bremsweg. Bei zweihundert km/h ist dann für alle der Punkt erreicht, wo das Hirn endgültig nicht mehr mitkommt. Wo ein Lahmarsch auf der linken Seite unweigerlich dein Leben gefährdet. Bei zweihundertfünfzig km/h spitzt sich das Ganze noch zu. Dir wird unwiederbringlich klar, dass jedes Hindernis auf deiner Spur schneller auftaucht, als du bremsen kannst. Jede Windböe gibt dir das Gefühl, du verlässt gleich die Autobahn. Und zwar über die Leitplanke. Bei dreihundert km/h wird es krass. Da solltest du das Schiebedach zumachen.

Es gibt eine Geschichte über die Testfahrten bei Ferrari. Da fährt der Autoverkäufer mit dir auf die Autobahn und fragt, ob du dir nicht tausend Euro verdienen willst. Das

Spiel ist ganz einfach: Er legt einen Tausend-Euro-Schein auf die Windschutzscheibe, und du hast dreißig Sekunden Zeit, um sie wieder reinzuholen. Die einzige Schwierigkeit ist, dass der Mann tierisch beschleunigt und du mit 7 G im Sportsitz klebst und nicht mal in der Lage bist, die Augen zu öffnen, geschweige denn deinen Arm aus dem Fenster zu strecken und einen Geldschein reinzuholen.

Ich weiß nicht, ob die Geschichte stimmt. Geil ist sie auf jeden Fall.

Du kannst sagen »Ich habe gelebt«,
wenn du vor Gericht gestanden hast

Angeklagter, Sie haben das letzte Wort. Möchten Sie sich zu den Anschuldigungen äußern?« – »Verehrtes hohes Gericht, hochverehrter Staatsanwalt, liebe Schöffinnen und Schöffen, ich bin unschuldig. Die Behauptung, ich hätte am zweiundzwanzigsten Mai vom Balkon des Hotels Vier Jahreszeiten gepinkelt und anschließend einen BMW 525i geklaut, ist falsch. Der Vorwurf, ich hätte das Fahrzeug mit 2,56 Promille im Blut und einer Geschwindigkeit von hundertsechsundvierzig km/h in eine Straßensperre gesteuert, ist ebenso unrichtig wie die Beschuldigung, unter meinem Bett wären vier Kilo Gras aus eigenem Anbau gefunden worden. Auch kann ich mich nicht erinnern, mich bei meiner Festnahme des Widerstands gegen die Staatsgewalt schuldig gemacht zu haben. Ich habe die Beamten weder als ›Faschistenschweine‹ noch als ›kleinkarierte Behördenscheißer mit Hauptschulabschluss‹ bezeichnet. Noch habe ich mich bei der Fahrt aufs Revier in den Streifenwagen erbrochen. Deshalb fordere ich Freispruch.«

Du kannst sagen »Ich habe gelebt«, *wenn du es schaffst, ein wildes Tier zu zähmen*

Einen Hund dazu zu bringen, aufgeregt mit dem Schwanz zu wedeln, ist kein Kunststück. Einen Bären hat dagegen nicht jeder zum Freund. Leider ist Tiere zähmen eine ziemlich komplizierte Angelegenheit. Schließlich ist es einem Tier egal, ob du einen Porsche fährst oder salamidicke Goldkettchen trägst. Die pelzigen Gesellen brauchen es substantieller. Uringeruch beispielsweise, da fahren sie tierisch drauf ab. Mit der richtigen Duftnote kannst du dir schon den halben Wald untertan machen. Die Sache mit dem Geruch kann allerdings auch nach hinten losgehen. Sollte ein Grizzly dich dabei überraschen, wie du gerade dein Revier markierst, ist Vorsicht geboten. Wenn Meister Petz auch nur einen Hauch Angstschweiß riecht, hat sich die Sache erledigt. Aber auch wenn er friedlich und freundlich auf dich zu tapst, empfiehlt es sich, auf der Hut zu bleiben. Es könnte statt Zuneigung Tollwut sein. Wie gesagt, Tiere zähmen ist eine ziemlich komplizierte Angelegenheit.

Du kannst sagen »Ich habe gelebt«, wenn du einen ganzen Tag lang nicht gelogen hast

Nach einer Statistik nehmen wir es nicht sonderlich genau mit der Wahrheit. Jeder von uns lügt durchschnittlich zweihundertmal am Tag. Und wird ebensooft angelogen. Die häufigsten Lügen im Alltag sind: »Schmeckt gut«, »Ich dich auch« und »Ach, da hat mich eine Katze gekratzt«. Es ist nahezu unmöglich, einen ganzen Tag lang nicht zu lügen, ohne seine Beziehung, seinen gesamten Freundeskreis und die Verwandtschaft loszuwerden. »Schatz, du hast einen fetten Arsch bekommen.« – »Ich habe gestern mit Susi geschlafen.« – »Onkel Herbert geht mir mit seinen Sprüchen auf den Sack.« – »Papi, du hast doch selber gesagt, dass wir Omi hoffentlich nur noch ein paarmal im Altenheim besuchen müssen.« Die Wahrheit im richtigen Moment kann die Stimmung erstaunlich verdunkeln. Die Leute wollen angelogen werden. Seien wir ehrlich: Die Lüge ist der Zement in den Grundfesten unserer Gesellschaft. Wer sich das nicht eingesteht, lügt sich selber an. Denn neben den zweihundertmal, die wir täglich andere Leute anschwindeln, lügen wir uns mindestens vierhundertmal selber an. Ich finde, diese Geschichte ist sehr gut geworden. Echt spitze. Dürfte keine Zeile länger sein.

Du kannst sagen »Ich habe gelebt«, *wenn du einen Bestseller geschrieben hast*

E s kommt der Vorstellung vom Paradies nahe: Du hast ein Haus am Meer (an einem warmen Meer. Nicht an der Nordsee!), stehst auf, frühstückst in Ruhe mit deiner Familie, gehst ins Arbeitszimmer, wirfst noch einmal einen Blick hinaus auf die Wellen, die ans Ufer schlagen, setzt dich an die Schreibmaschine und tippst los. Ein paar Wochen später ist der Millionenseller fertig, und du hast den Rest des Jahres Urlaub. Das Leben eines Schriftstellers ist genau so. Also, worauf wartest du noch. Setz dich hin und schreib los. Oder fällt dir etwa nichts ein?

Du kannst sagen »Ich habe gelebt«, *wenn du weinen kannst*

D er Mann. Gefangen zwischen Genital und Gefühl. Zwischen Herz und Hoden. Zwischen Penis und Pathos. Zwischen Glied und Geduld. Zwischen Schwanz und Stolz. Zwischen Eichel und Egoismus. Zwischen Charme und Scham. Mit anderen Worten: Die vielbeschworene männliche Sensibilität befindet sich in einem räumlich begrenzten Terrain auf Hüfthöhe. Doch immer mehr Frauenzeitschriften wollen eine neue Empfindsamkeit entdeckt haben, die sich mit den bisherigen Erkenntnissen nicht vereinbaren lässt: Männer, die zuhören können. Männer, die auch mal darüber reden wollen. Männer, die weinen. Viele Leser werden sagen: Klar, Schwule, eben. Aber mal ehrlich. Es gibt nichts Schöneres als schreinemakermäßig tierisch abzurotzen. Oder noch besser: oprah-winfrey-mäßig. Alleinerziehende Mutter ohne Arme und Beine bekommt Zwillinge. Delphine werden für Shows in Chlorwasser missbraucht. Afrikanisches Flüchtlingskind mit Lichtallergie. Querschnittsgelähmter Dackel. Lasst die Tränen laufen. Meine Freundin verliert bei *Sissi* jedes Mal ungefähr zwei Liter Flüssigkeit durch die Augen. Sie ist bei *Vom Winde verweht* einmal fast dehydriert. Männer, hisst die Rotzfahne. Wir haben verloren.

Du kannst sagen »Ich habe gelebt«, *wenn du ein Hausmann warst*

Wir sind die erste Generation Männer, die im Sitzen pinkelt. Schwer zu sagen, ob das ein Grund ist, um stolz zu sein. Aber es gibt doch immer mehr Männer, die sich im besten Alter von Karriere und Stammtisch verabschieden, um fortan den Hausmann zu geben. Trifft man sie auf der Straße, sieht man ihr Gesicht von Fragen danach zerfurcht, wo sie biologisch angebaute Litschis erstehen können beziehungsweise wie man Pfirsichflecken rauskriegt beziehungsweise warum das Baby nach dem Essen nicht laut gerülpst hat. Fragt man Hausmänner, wie es ihnen geht, antworten sie grundsätzlich: »Mir geht es total gut. Es macht total Spaß. Tolle Erfahrung ...« Dabei sind sie zumeist bleich, zittern, haben massive Augenringe, das Baby hat ihnen auf die Schulter gekotzt, und sie befinden sich insgesamt in einem verwahrlosten Zustand.

Der offensichtliche Zweck des irrtümlicherweise »Erziehungsurlaub« genannten Putzmarathons ist es, der Frau zu beweisen, wie lächerlich das bisschen Hausarbeit und die Babyversorgung sind. Also Zähne zusammenbeißen. Nicht jammern. Dann geht die Zeit schnell vorbei, und du darfst endlich wieder in die Arbeit.

Du kannst sagen »Ich habe gelebt«,
wenn du dich im Leben durchgebissen hast

Das Leben ist ein Windkanal. Der Wind kommt von vorne und bläst dir ins Gesicht. Du kommst nur weiter, wenn du einen möglichst niedrigen cw-Wert annimmst. Leicht gebückt oder kriechend. Sieht scheiße aus, hat aber einen niedrigen cw-Wert. So wie der Opel Corsa. Und wie viele Mitmenschen, die versuchen, schadlos durchs Leben zu kommen, indem sie dem Schicksal eine möglichst kleine Angriffsfläche bieten. Banklehre. Heiraten. Vollkaskoversicherung ohne Selbstbeteiligung. Die haben ihren Lebensweg gleich gefunden: die Autobahn der Gesellschaft. Die meisten fahren mit hundertdreißig km/h auf der rechten Spur, manche Karrieristen überholen mit hundertachtzig km/h. Meistens stehen sie gemeinsam im Stau. Die Gedanken gefangen zwischen den Leitplanken. Geeint im Vertrauen auf den ADAC.

Und du? Findest deinen Weg nicht. Schotterweg statt Autobahn. Zivildienst in Nicaragua. Ein Jahr Südamerika. Politikstudium abgebrochen. Uneheliches Kind. Mit dreißig noch kiffen. Bist nahe dran, durch den TÜV des Lebens zu fliegen. Bist eins von den Modellen, nach denen sich die Leute umdrehen. Besonders, aber sehr anfällig. Brauchst zwanzig Liter auf hundert Kilometer. Wegen des Gegenwinds.

Du kannst sagen »Ich habe gelebt«, *wenn du brav deinen Müll trennst*

Unser Leben lang haben wir uns mit recyceltem Klopapier die Gesäßfurche ramponiert. Wir sind jeden Montag zu den Recyclingtonnen gewandert, um die zwei Kisten Wein- und Schnapsflaschen, die sich übers Wochenende angesammelt haben, nach Farbe sortiert zu entsorgen. Wir haben die übel riechende Biotonne akzeptiert, die schwere Seuchen in den Hinterhof gebracht hat. Jahrelang haben wir den Müll seziert, und immer hatten wir so ein flaues Gefühl im Magen, dass Papier und Alu, Kunststoff und Glas, all die sorgsam getrennten Bestandteile, am Ende doch wieder zusammengekippt werden und unsere ganze Arbeit für die Katz war. Nur die leise Hoffnung, damit die Erde zu retten, hat uns getrieben. Es hat geklappt. Gott sei Dank.

Du kannst sagen »Ich habe gelebt«, wenn du einer Frau treu geblieben bist

Treue, wo bist du? In Zeiten serieller Stereogamie. Wo die Frauen kommen und gehen wie Sonne und Mond am Firmament. Wo der Brunnen der Hormone nie versiegt.

Es ist die schlimmste Plage des modernen Menschen, dass er immer nach Besserem strebt. Nach Größerem. Nach mehr. In der Arbeit. In der Freizeit. In der Liebe. Wir sind immer unterwegs zu Höherem, werden dabei von Lebensabschnittspartnern begleitet, denen wir untreu werden, sobald es unseren Emotionshaushalt verbessert. Alles erscheint spannend und schön, solange wir es nicht besitzen oder erleben. Dann wird es schnell langweilig. Deswegen suchen wir nach Affären.

»Warum langweilt mich der mit seinem protestantischen Gewinsel?«, werden sich viele Leser denken. »Wo wir uns nach Jahrtausenden der christlichen Demut beziehungsweise Selbstverarsche endlich ein bisschen locker gemacht haben. Wo Treue doch nichts anderes ist als der Mangel an Gelegenheit.«

Aber ist es nicht wesentlich vollkommener, wenn man die Liebe gefunden hat und nicht mehr auf der Suche ist? Wenn man die Intimität bewahrt? Die Zweisamkeit konserviert? Vielleicht wäre es einfach das Beste, deine Alte kriegt überhaupt nichts mit.

Du kannst sagen »Ich habe gelebt«, *wenn du schrecklichen Liebeskummer hattest*

Mir ist speiübel. Macht die alte Schlampe mit mir Schluss, um mit diesem Vollzipfel zu gehen. Die schönste Frau, die ich je gesehen habe. Sie ist vollkommen. Wir hatten eine wundervolle Beziehung. Niemals Streit. Wir haben uns blind verstanden. All die Monate. Wir haben jede Minute miteinander verbracht. Ich will nie wieder eine andere Frau haben. Ich werde nie wieder eine Frau finden. Frauen sind so scheiße.

Andererseits, Single sein hat auch Vorteile. Ich muss nicht mehr in Galerien gehen. Ich muss nicht mehr vegetarisch essen. Ich kann wieder mit den Jungs ausgehen. Auch mal abends mit dem Fußballschal in die Kneipe kommen. Trotzdem irgendwie blöd.

Du kannst sagen »Ich habe gelebt«, wenn du eine Frau erfolgreich auf der Straße angesprochen hast

Es gibt eine ziemlich nette Stelle in dem Film *Kleine Haie*. Da kommen drei Schauspielschüler in eine fremde Stadt und haben nichts zum Übernachten. Und kein Geld. Also gehen sie in den nächsten McDonald's, und einer von den dreien redet ein Mädchen an, obwohl die mit ihrem Freund am Tisch sitzt. So nach dem Motto: Willst du heute Abend wirklich mit dem Scheißtypen nach Hause gehen oder lieber mit mir. Sie sagt: »Mit dir.« Dann schlafen zwei von den dreien auf dem Sofa im Wohnzimmer und lauschen ihrem Kumpel und dem Mädchen beim Bumsen. Und denken sich: cooler Typ.

Ein sensibler Mann kann sich bei einem Gang durch die Fußgängerzone hundertmal verlieben. Überall Traumfrauen. Wenn du in der richtigen Stimmung bist, stehen alle auf dich. Bildest du dir zumindest ein. Das einzige Problem: Wie ansprechen? Es soll ja irgendwie ungezwungen rüberkommen. Wenn du da hinrennst und deinen »Wollen wir nen Kaffee trinken gehen«-Spruch loslässt, fällt die bestimmt vor Schreck von ihren Stöckelschuhen.

Es muss gehen wie in diesen Hollywoodfilmen, wo du beim Sockenkaufen ganz zufällig gegen Julia Roberts rempelst. Ihr fällt ein Buch runter, und du hilfst ihr beim Aufheben. Dann fällt dir auf, dass du über dieses Buch deine Doktorarbeit geschrieben hast. Sie sagt: »Das ist aber ein

Zufall, ich schreibe zufällig auch gerade eine Doktorarbeit über dieses Buch.« Dann geht ihr Kaffee trinken, schaut euch tief in die Augen, und es ist alles klar.

Aber so was kommt nie vor. Wenn jemand beim Einkaufen gegen dich rempelt, ist es eine Frau mit Damenbart. Wenn du gegen eine halbwegs gut aussehende Frau stößt, sagst du: »Entschuldigung«, und sie lächelt und sagt: »Macht nichts«, und geht weiter. Und dann ärgerst du dich den ganzen Tag, dass du sie nicht angesprochen hast. Danach dauert es mindestens sechs Jahre, bis du wieder so eine Chance bekommst.

Also versuchst du es mit einer anderen Taktik. Du suchst dir eine Frau aus, die dir gut gefällt, und folgst ihr unauffällig. Dann versuchst du vorsätzlich eine zufällige Begegnung herbeizuführen. Während sie also gerade in aller Ruhe Socken auswählt, kommst du von hinten, rempelst sie an, und bevor sie sich wieder hochgerappelt hat, sagst du: »Das tut mir schrecklich leid. Kann ich das wieder gutmachen, indem ich Sie zum Kaffee einlade?« Was wird sie wohl sagen?

Wenn du Glück hast: »Nein«, wenn du Pech hast: »Hilfe!«

Was also tun? Es ist ganz einfach, das Geheimnis des gelungenen Straßenflirts liegt in deinem Aussehen. Siehst du gut aus, kannst du den größten Mist erzählen und die Mädels in die Sockenkiste rammen, und sie werden dennoch auf dich stehen. Siehst du scheiße aus, liegt deine Chance trotz Charme und Humor in einer homöopathischen Größenordnung. Die Straße ist unerbittlich. Das Revier der Löwen.

Du kannst sagen »Ich habe gelebt«, wenn du dabei warst, als deine Frau euer Kind geboren hat

Viele Männer glauben, sie könnten alles besser als ihre Frau. Sie greifen ihr beim Autofahren ins Lenkrad. Sie wollen beim Tanzen führen. Sie machen das Gurkenglas mit einem müden Lächeln auf. Aber es gibt leider Dinge im Leben eines Mannes, da kann er nur sehr begrenzt eingreifen. Am schlimmsten ist es, wenn deine Frau euer erstes Kind gebärt.

Neun Monate Schwangerschaft. Du kannst nichts tun. Dann endlich Wehen. Ihr rast mit einer Affengeschwindigkeit ins Krankenhaus. Und da wartet ihr dann erst mal ein paar Stunden. Händchen halten. Den Krankenhausgang auf und ab gehen. Warm baden. Atmen. Atmen. Manchmal bist du fast geneigt zu sagen: »Schatz, du atmest nicht richtig.« Aber du gibst dich sehr einfühlsam. Vorbildlich. Du hast das Gefühl, die ganze Welt schaut dir zu, ob du auch ein guter Mann und Vater bist. Nie wieder wirst du so emanzipiert sein können wie heute. Und dann? Kommt das Scheißbaby einfach nicht. Es zieht sich hin. Atmen. Du bist hundemüde. Atmen. Deine Frau hat Schmerzen, weil die Hebamme ihr nicht genug Schmerzmittel gibt. Atmen. Deine Frau atmet nicht richtig. Und genau in dem Moment, wo du schreien willst: »Wir fahren jetzt wieder heim«, kommt ein schleimiges blutiges kleines Etwas heraus. Jeder Vater, mit dem du zuvor gesprochen hast, hat dir versichert, dies sei der schönste Moment in seinem Leben gewesen. Nur du denkst: Dieses schleimige blutige kleine Etwas ist mein Kind. Wow. Aber es ist ein bisschen hässlich.

Wenn du allerdings irgendwann einem werdenden Vater erzählst, wie es war, als dein erstes Kind gekommen ist, dann wirst du sagen: »Es war der schönste Moment meines Lebens.« Keep the myth alive.

Du kannst sagen »Ich habe gelebt«, wenn du einmal im Leben kein Silvester feierst

Seien wir doch mal ehrlich: Silvester ist ein Scheißfest. Weihnachten ist schon hart. Aber Silvester toppt alles. Da hat man gerade einen ganzen Monat damit zugebracht, das Gemüt auf Besinnlichkeit und Nächstenliebe zu drosseln, ein Zustand so etwa zwischen Kiffen und Hüftstarre, und schon erwartet die Welt von dir, in großes Ballyhoo auszubrechen, bloß weil das Jahr zu Ende ist. Könnte das Jahr nicht ein bisschen später zu Ende sein? Wenn wir uns vom Besuch bei Tante Renate und Onkel Alfred erholt haben? Wenn wir wieder klar bei Verstand sind? Wir haben einzigartige, durch die Evolution spitzenmäßig entwickelte Großhirne, aber alles, was uns zu Silvester einfällt, ist folgendes:

»Na, was machst du denn dieses Jahr an Silvester?«

»Weiß nicht. Und du?«

»Keine Ahnung.«

Das ist unwürdig.

Feire Silvester doch mal mit deinem Hamster.

Du kannst sagen »Ich habe gelebt«, wenn du eine Frau entjungfert hast

T ausendmal berührt, tausendmal ist nichts passiert. Dann hat es Zoom gemacht ...« Der Text der Deflorationshymne von Klaus Lage beschreibt die traurige Realität, die man als junger Mann bei seinen ersten Beziehungen durchleben muss. Während du quasi in derselben Sekunde, in der du ein Mädchen kennenlernst, psychisch und physisch in der Lage wärst, den ersten Koitalakt zu vollziehen, brauchen Mädchen unermesslich viel länger für diese Entscheidung. Das passiert gerne mal in einer millimeterweisen Annäherung an ihre Genitalien, die sich in schlimmen Fällen durchaus tausend Nächte hinziehen kann.

Ihr habt euch in der Schule kennengelernt und wart zusammen schon mal am Badesee. Sie heißt Silke, ist fünfzehn Jahre alt und findet dich auch süß, sagt zumindest ihre beste Freundin Elke. Also entschließt du dich eines Tages, ihr einen Zettel zuzustecken, auf dem steht: »Willst du mit mir gehen?« Silke kann ankreuzen: ja, nein oder vielleicht. (Bei »vielleicht« würdest du weitere Überzeugungsarbeit leisten.)

Auf einer Party im Hinterzimmer der Pfarrei kommt ihr euch bei einem Chicago-Lied zum ersten Mal näher – Zungenkuss. Als du beim Engtanzen versuchst, ihr von hinten an die Brüste zu greifen, blockt sie dich geschickt mit ihren Armen ab. Du lernst schnell. Der Weg zum Ziel führt über Einfühlungsvermögen. Romantik, Vertrauen, Geduld. Wochen später, bei dir im Kinderzimmer, darfst du das erste Mal ihren Büstenhalter öffnen, was vor lauter Aufregung eine Viertelstunde dauert. Viele weitere Wochen lang markiert die Gürtelhöhe für deine abenteuerlustigen Finger die Grenze des befriedeten Terrains. Bei den unermüdlichen Versuchen, sie zwischen den Schenkeln zu berühren, holst du dir zwischen ihren zusammengepressten Oberschenkeln Quetschungen dritten Grades. Dann hast du sie fast soweit. Du redest ganz diplomatisch von »Liebe machen«, nicht von Sex. Am Freitag, wenn deine Eltern im Theater sind, soll es passieren. Ihr küsst euch auf dem Sofa, dann führst du sie in dein Zimmer. Du entblätterst sie langsam. Sie macht das Licht aus. Du ziehst dich auch aus, weil sie das sonst möglicherweise vergisst. Und dann passiert es. Ganz okay für den Anfang. Du rauchst deine erste Kippe danach.

Dir dämmert, dass das Verhältnis zwischen der Zeit, die du von Sex träumst, und der Zeit, die du tatsächlich Sex hast, sehr unerfreulich ist. Das wird sich nie ändern. Auch entjungfert nicht.

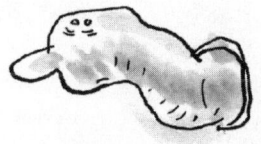

Du kannst sagen »Ich habe gelebt«,
wenn du einen Sohn gezeugt hast

Es gibt nur einen Weg, damit deine genialen Gene weiterleben, diese ganz spezielle Mischung aus Fußball-Leidenschaft, Unpünktlichkeit und Fremdgehdrang: Du musst einen Sohn zeugen.

Gibt es etwas Schöneres, als den eigenen Sohnemann heranwachsen zu sehen? Wenn du den Samen für die Frucht eurer Liebe in deiner Frau erst mal gepflanzt hast, erlebst du das größte Glück der Welt. Du hältst deinen Sohn im Arm. Er lächelt dich an. Du entdeckst deine Augen in klein. Deine Nase. Deine Füße. Du träumst davon, dass er den Sprung zum Fußballprofi schafft (wozu dir damals die Unterstützung deiner Eltern gefehlt hat). Mit drei Jahren schenkst du ihm seine erste Fankutte und eine Dauerkarte fürs Stadion. Ihr geht jeden Abend zusammen zum Bolzplatz. Wenn Mutti mal einen Tag keine Zeit zum Kochen hat, esst ihr gemeinsam bei McDonald's. Mit sechs Jahren bringst du ihn jeden Montag und Donnerstag zum Training. Er will Stürmer werden. Jeden Sonntag stehst du am Spielfeldrand. Bist so stolz. Beschimpfst den Trainer, wenn er deinen Sohn mal nicht aufstellt. Dein Stammhalter ist schwach in Mathe und Deutsch – so wie du damals. Kann sich Vokabeln und Gedichte nicht merken und bekommt viele Verweise – wie sein Papa. Mit achtzehn stellt sich dann heraus, dass die

Begabung deines Sohnes ebenfalls eher in Richtung passive Sportleidenschaft zielt. Dass er dich für einen Idioten hält. Dass er deine Glatze und deine schlechten Zähne geerbt hat und Muttis Fahrstil. Dein Sohnemann eben.

Du kannst sagen »Ich habe gelebt«, *wenn du eine Tochter gezeugt hast*

Wer keine Tochter hat, kann es sich nicht vorstellen. Ist aber wahr: Frauen kommen als Zicken zur Welt. Launisch. Hysterisch. Kapriziös. Schon im zarten Alter von zwei Jahren. Egal, was du machst. Doch diese Erkenntnis hat auch etwas Positives: Sie hilft dir als Mann im Umgang mit Frauen. Denn du weißt: Die können nicht anders. Sie leben unter der Knute ihrer genetischen Disposition. Zickenprogramm. Der negative Aspekt: Du lebst zwangsläufig an der Seite von zwei Frauen. Beide behaupten, sie würden dich lieben. Beide sind unausstehlich.

Du kannst sagen »Ich habe gelebt«, wenn du in der Wüste gewesen bist

Jeder war schon mal auf einer dieser Diashows, wo so ein vollbärtiger ungeduschter Typ in Turnhallen Fotos zeigt, wie er auf dem Ochsenkarren über die Anden gefahren ist oder mit dem Tretboot durch die Antarktis oder mit dem Dreirad durch die Sahara.

In bestimmten Kreisen gilt es offenbar als besonders aufregend, möglichst unfruchtbares und unwegsames Terrain mit möglichst unnützen Hilfsmitteln zu durchqueren. Und die Mutter aller Unfruchtbarkeit ist nun mal die Wüste. Unermesslich lang. Unermesslich eintönig. Furztrocken. Eben genauso wie die Diavorträge der »Ich überlebe alles«-Traveller.

Gegen Ende der Diavorträge, wenn bei deinen Nachbarn schon langsam das Deo versagt, wird der vortragende Hippie zumeist pathetisch. Die Wüste als Meer der Götter. Mit riesigen Wellen aus Sand. Der Sand als Sinnbild dafür, dass sich die Erde aus lauter winzigen Teilchen zusammensetzt. Als Gleichnis, dass letztlich doch alle gleich sind und erst gemeinsam eine gigantische Kraft entfalten. Meist referiert der predigende Vegetarier dann, dass er erst in der Wüste gemerkt hat, wie unbedeutend er ist und wie mächtig die Natur sei. Das ist eine Erkenntnis, die man in einer Kleinstadt schwerlich machen kann.

Du kannst sagen »Ich habe gelebt«, wenn du jemandem einen Ratschlag gibst, den er befolgt, ohne es später zu bereuen

D ie Sache mit den guten Ratschlägen ist kompliziert. Es gibt grundsätzlich drei Möglichkeiten:

➢ *Möglichkeit 1*: Du sagst dem Ratsuchenden, was er hören will.
➢ *Möglichkeit 2*: Du sagst ihm, was richtig ist.
➢ *Möglichkeit 3*: Du zuckst mit den Schultern.

Dabei gilt es zu beachten, dass der Ratsuchende genaugenommen keinen Rat braucht. Er will vielmehr die Verantwortung für seine Entscheidung weiterreichen. Bei Möglichkeit 1 ist das Thema schnell vom Tisch. Jeder hört gerne, was er sich eh schon gedacht hat. Dass es die falsche Entscheidung ist, spielt dabei keine Rolle. Da du derjenige warst, der den Ratsuchenden in seiner Entscheidung bestärkt hat, bist du hinterher fällig.

Möglichkeit 2 entpuppt sich als aussichtsloses Unterfangen. Egal, wie lange du diskutierst, dein Gegenüber wird sich niemals von der richtigen Entscheidung überzeugen lassen, und so gibst du irgendwann entnervt auf. Nachdem die Sache erwartungsgemäß in die Hosen gegangen ist, bist du schuld, weil du nicht überzeugend genug warst.

Variante 3 klingt am verlockendsten. Ist sie aber nicht. Du ersparst dir zwar die Diskussionen, wirst aber zur Verantwortung gezogen, weil du keinen Rat wusstest.

Ein einziges Mal haben wir es erlebt, wie jemand einen

Ratschlag gab und ungeschoren davonkam. Wir saßen in einer Kneipe, und Andy jammerte, er wisse nicht, was er machen solle. Seine Freundin hatte ihn verlassen, und er wollte sie zurück. »Was soll ich bloß tun?« Wir gaben ihm alle möglichen Tips. Einen Brief schreiben. »Hab ich doch schon.« Anrufen. »Hab ich auch gemacht.« Vor ihrem Haus zelten. »Was meint ihr, warum ich seit einiger Zeit wie ein Penner rumlaufe?« Mal wieder duschen? »Verscheißern kann ich mich alleine.« Wir gaben auf.

»Und du, was sagst du dazu?« fragte Andy Christian, der die ganze Zeit ruhig gewesen war. Christian drehte sich um zur Bedienung und rief: »Tschuldigung, mein Freund hier, der will noch ein Bier, bitte.« Wieder zu Andy gewandt, sagte er: »Die Realität ist nur eine Illusion, hervorgerufen durch den Mangel an Alkohol.«

MY LIFE IN A NUTSHELL

Folge 91

Du kannst sagen »Ich habe gelebt«, wenn du dich für eine gerechte Sache geschlagen hast

Wir Intellektuelle kennen Schlägereien ja bloß aus Bud-Spencer- und Jackie-Chan-Filmen. Da ist das Prügeln immer eine ganz relaxte Angelegenheit. Die zahlenmäßig überlegenen Gegner stellen sich brav in der Reihe an, um nacheinander mit einem Schlag rückwärts aus dem Fenster gewuchtet zu werden, von wo aus sie mindestens drei Etagen tief oder in eine Schlucht stürzen. Wenn Bud, Terence oder Jackie dann jeweils drei Dutzend Feinde umgenietet und die gesamte Kneipe zerlegt haben, klopfen sie sich den Staub vom Pulli und schlendern davon.

In der Realität sieht die Sache leider etwas anders aus. Prügeln tut saumäßig weh. Schürfwunde. Platzwunde. Nasenbluten. Finger verstaucht. Atemnot. Extremqual durch Eierschwinger. Als Intellektueller musst du damit rechnen, dass dein Gegner dir auf der Klaviatur der Qualen ein trauriges Lied spielen wird. Also versuch die Sache rhetorisch zu lösen.

Falls die nonverbale Divergenz unvermeidbar wird, hier ein paar Tips: Lass dich nicht provozieren. Sonst kannst du nicht völlig emotionslos zuschlagen. Versuch dem Gegner in die Eier zu treten. Drück ihm deine Finger in die Augen oder beiß ihn in den Kehlkopf. Am besten, du hast den ersten Schlag, wenn möglich von hinten. Das erhöht das Überraschungsmoment. Verwende Stühle oder Flaschen als Waffe. Nimm eine Frau als Schild, das hindert ihn am Zuschlagen. Versuch potentielle Zeugen auszuschalten, um eine Anklage zu verhindern. Wenn die Leute in der Überzahl sind, dann lass dich bitte nicht auf eine Schlägerei ein. Geh lieber – du kannst sie immer noch mit dem Auto überfahren, wenn sie auf die Straße kommen.

Du kannst sagen »Ich habe gelebt«, wenn du mit deinen Freunden spannende Abende verbringst

19.00 Uhr: Treffpunkt daheim. Flaschbier. *Wer wird Millionär?* anschauen. Eine Runde Jägermeister. Eine Tüte rauchen. Call-a-Pizza anrufen. Du isst eine große Marinara.

21.00 Uhr: Ihr schaut noch mal an der Tanke vorbei, um Bier zu holen. Du ziehst dir ein »Heiße Hexe«-Hotdog. Dazu Beefy.

22.00 Uhr: Gamestation spielen. Noch eine Tüte rauchen. Stefan verschüttet versehentlich sein Bier in deinem Bett.

23.30 Uhr: Zur Videothek radeln. Jackie-Chan-Film ausleihen. Und was mit Cheech & Chong.

01:00 Uhr: Du pennst auf dem Sofa ein. Die Jungs wecken dich. Tüte rauchen. Christian macht dir ein Brandloch ins Kopfkissen.

02.00 Uhr: Ausflug ins »Sun City«. Happy hour. Ein Liter Sangria für sieben Euro. Fünf Spiele Tischkicker. 3:2 gewonnen. Keine anständigen Bunnies da.

04:00 Uhr: Ihr fahrt noch bei McDonald's vorbei. Auf einen Fish Mac und ein Schoko-Shake.

05:00 Uhr: Von den Jungs verabschiedet. Schaust noch ein bisschen Home Shopping Europe. Kommt noch was Erotisches auf RTL 2?

06:00 Uhr: Du schläfst ein. War ein netter Abend. Wie immer eben.

Du kannst sagen »Ich habe gelebt«, *wenn du die Nacht zum Tag machen kannst*

Schon mal auf einer After-hour-Party gewesen? Die gehen meistens so um sechs Uhr morgens los und dauern bis in die Mittagsstunden. Während sich die konservativen Partygänger spätestens um vier Uhr massiv torkelnd vom Tanztee verabschieden, um ins Taxi zu kotzen, kann die Techno-Jugend erheblich länger feiern. Die hauen sich am Freitagnachmittag sieben Ecstasy-Tabletten rein, um erst mal achtundvierzig Stunden durchzutanzen. Sonntagvormittags gehen sie dann zu After-hour-Partys, um noch ein wenig zu schwofen und ein paar Joints zu kiffen. »Runterrauchen« nennt man das in der Szene. Keine Frage, dass man sich mit den netten jungen Leuten prächtig unterhalten kann. Dass sie meist bei hundertfünfzig Dezibel neben der Box stehen, macht sie leider geringfügig vermindert hörfähig. Bedauerlicherweise hat sich ihr Wortschatz durch den dauerhaften Konsum chemischer Drogen auf das Niveau eines jungen Papageien reduziert. Außerdem sehen sie, offen gesagt, teilweise eine Nuance blass und müde aus. Aber sonst sind sie echt gut drauf. After-hour-Partys sind echt lustig.

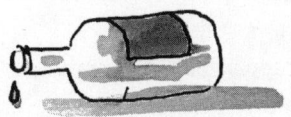

Du kannst sagen »Ich habe gelebt«, wenn du einen One-Night-Stand erlebt hast

D u wachst auf. Benebelt. Verkatert. Mit Sodbrennen. Und denkst dir: »Ich kenne dieses Zimmer nicht. Und die Frau auch nicht. Na gut, fast nicht.« Da steht eine Lavalampe. Gruselig. Von der Eingangstür ihrer Wohnung bis zum Bett führt die Fährte eurer Kleider. Scheint eine recht hitzige Angelegenheit gewesen zu sein. Sie ist wach, strahlt: »Guten Morgen, Kleiner.« Du denkst dir: Gestern abend sah sie noch besser aus. Du hast vergessen, die Kontaktlinsen rauszunehmen. Deine Augen sind gelb verkrustet. Die Lunge rasselt. Du hast tierisch Brand. Wasser? Du willst heim. So schnell wie möglich. Du musst die Geschichte einigermaßen anständig zu Ende bringen.

»Ich kann leider nicht zum Frühstück bleiben. Muss arbeiten.«

»Am Samstagmittag?«

»Ja. Leider.«

»Rufst du mich heute abend an?«

»Klaro.«

»Ich glaube, ich habe mich in dich verliebt.«

»Ich find dich auch sehr besonders. War eine tolle Nacht.«

»Bitte bleib doch noch ein bisschen.«

»Sorry, muss gehen.«

Du kommst am Spiegel vorbei. Siehst recht verwegen aus. Im Lift steht dir eine ältere Dame gegenüber, die dich angewidert anstarrt. Du läufst eine halbe Stunde nach Hause. Zündest dir eine Kippe an. Fühlst dich wie ein Großstadtcowboy. Wieder ein Abenteuer erlebt. Hat sich aber nicht gelohnt. Zuviel Stress für das bisschen Sex. Schöngesoffen. Wird dich wochenlang mit Anrufen nerven. Das war das letzte Mal, schwörst du dir. Abends rufen die Jungs an. »Gute Party«, sagen sie. »Heiße Katzen, kommst du mit?«

»Yep.«

Du kannst sagen »Ich habe gelebt«,
wenn du rhetorisch fit bist

K ann sich noch jemand an die Schimpftirade des ehemaligen Trainers von Bayern München erinnern? Wie Giovanni Trapattoni seine Mannen brutal kryptisch zusammengeschissen hat, weil sie gekickt haben wie Flasche leer. Fußballer sind ja insgesamt ein gutes Beispiel dafür, dass man sich auch mit einer Handvoll Vokabeln durchs Leben schwafeln kann. Sechsundachtzig Prozent der Profifußballer halten Rhetorik für einen schwedischen Fußballgelehrten. Du hast es als Berufskicker natürlich schwer, wenn du nach der achten Klasse von der Hauptschule abgehen musst, weil du zehn Stunden am Tag trainierst. Und wenn du es endlich in die Nationalmannschaft geschafft hast, hält dir ein Reporter sein Mikrofon unter die Nase und fragt: »Woran hat's gelegen?« Du angelst im Phrasensee deiner Mitspieler und ziehst für deine Stand-by-Analyse irgendwas zwischen »Wir sind nicht aggressiv genug in die Zweikämpfe gegangen« und »Wir haben es nicht geschafft, das Spiel über neunzig Minuten zu kontrollieren« an Land. Das sehen sich achtundzwanzig Millionen Deutsche im Fernseher an und denken sich: »Dem Lothar Matthäus hams ins Hirn geschissen.«
Der Durchschnittsbürger steht in Sachen Redekunst irgendwo zwischen Lothar Matthäus und Gregor Gysi. Deutschlehrer beklagen seit dreißig Jahren, dass die Wort-

gewandtheit bei jungen Menschen nachlässt. Die Hüter des Genitivs leiden unter Schülern, die glauben, Hardcore wäre ein Adjektiv. Türkische Jugendliche der dritten Generation ziehen jeder Unterhaltung einen gepflegten Fist-Kick vor. Die Internetgeneration hat sich – gggrrr – lol – vom Reden komplett verabschiedet. Studien haben herausgefunden, dass Ehepaare durchschnittlich nur ganze acht Minuten am Tag miteinander reden. Bei der Anbahnung von Sexabenteuern ist das Gespräch nahezu komplett durch das Cabriolet abgelöst worden. Schade eigentlich.

Du kannst sagen »Ich habe gelebt«,
wenn du nicht an Esoterik glaubst

Eine der meistverbreiteten und hirnlosesten Plattitüden ist die Bemerkung: »Ich bin davon überzeugt, dass es auf der Welt Phänomene gibt, die wir uns nicht erklären können.« Wer diesen Satz sagt, meint damit nicht etwa den schlechten Musikgeschmack seiner Eltern. Sondern Übersinnliches. Oder gar Spirituelles. Dabei argumentieren die Esoteriker gerne, dass bei Vollmond angeblich mehr Kühe kalben und viele Frauen ihre Menstruation bekommen. Auch gibt es anscheinend Gärtner, die bei Vollmond ihre Bäume fällen oder nicht. Der Mond wird auf jeden Fall für so ziemlich alles verantwortlich gemacht, was nicht die Sterne verbockt haben.

Zumeist sind die esoterischen Lehren schon tausende wenn nicht gar Millionen Jahre alt. Und weil diese Märchen über Astrologie und Edelsteine schon so alt sind, glauben die Leute, dass es unmöglich sein könne, dass diese Lehren all die lange Zeit überlebt hätten, obwohl sie falsch sind. Sinniger Einwurf. Einzige Erklärung: Offenbar gibt es seit Jahrmillionen Schwachköpfe, die derlei Übersinnliches von Generation zu Generation weitergeben.

Wichtig ist auch, dass es sich dabei um Lehren handelt, die am anderen Ende der Welt entstanden sind. Australische Aborigines sind fein, Indianer immer gerne genommen, China und Indien als mythische Plätze ideal, die sieben Wege zum Glück eines tibetischen Geistlichen schier unschlagbar. Interessanterweise haben die frühen Weissager aus dem Detmolder Raum beziehungsweise vorpommersche Ureingeborene auf dem Esoterikmarkt keine guten Karten. Da lassen die Sterndeuter ein wenig Patriotismus vermissen.

Wissenschaftler haben herausgefunden, dass der Gravitationsunterschied zwischen Vollmond und Neumond für den einzelnen Menschen damit vergleichbar ist, ob in drei Meter Entfernung ein Blatt Papier liegt oder nicht. Davon sind noch bei keinem die Nägel schneller gewachsen. Aber naturwissenschaftliche Erklärungen können den Esoteriker nicht umstimmen. Denn der Esoteriker ist durch nichts und niemanden von seinen abwegigen Thesen abzubringen. Es gibt den sehr treffenden Spruch: »Esoterik ist der Schatten der Sterne auf den Hirnen der Frauen.«

Diese Weisheit bringt eigentlich alles auf den Punkt. Auch

dass es sich bei den Opfern des Irrglaubens gerne um Frauen handelt, die, von missionarischem Eifer getrieben, auch ihre Freunde in die Welt der Astrologie und des Eigenurintrinkens einführen wollen. Dabei informieren sie sich gerne in der tollen Serie »MensSana« im Knaur-Verlag. Mir sei diese Eigenwerbung gestattet. Ich hatte ja persönliche Probleme mit dem Wort »MensSana«. Ich finde, es klingt wie eine neue superflache, superesoterische Frauenbinde. Die man zum Sport anziehen kann, aber auch, wenn man sich zu Hause die Tarot-Karten legt.

Echt toll sind jedenfalls auch Kristalle. Es gibt Kristalle gegen Unkonzentriertheit und gegen Lernschwäche. Es gibt Edelsteine gegen Übergewicht und Husten. Und es gibt welche, die angeblich gegen Durchfall gut sind. Nur muss man sich diese Edelsteine nicht, wie manche jetzt vielleicht denken, in die hintere Öffnung einführen, um die Lade abzudichten. Nein, es reicht schon, wenn man den Edelstein in der Hosentasche trägt. Toll, oder?

Du kannst sagen »Ich habe gelebt«, wenn du unschuldig im Gefängnis warst

Hinter Gittern. Und das nur, weil die Melodie, die du zufälligerweise bei deinem Stadtbummel durch Ankara verträumt vor dich hin gepfiffen hast, Note für Note der Hymne der kurdischen Befreiungsfront entsprach. Mensch, sonst pfeifst du doch nur in der Badewanne. Und jetzt so was.

Du kannst sagen »Ich habe gelebt«, *wenn du aufgehört hast zu rauchen*

Verwandte, Kollegen, Freunde, alles dieselbe Brut. Kaum hast du zu rauchen aufgehört, sagen sie voller Anteilnahme: »Also, ich finde es echt toll, dass du nicht mehr rauchst. Von zwei Packungen am Tag auf null. Das ist ein toller Willensakt. Also, ich könnte das nie.« Und dann zünden sie sich vor deinen Augen genüsslich eine an. Die Schweine. Die dreckigen nikotinabhängigen gelbfingrigen lungengeteerten Schweine rauchen eine, während du fast wahnsinnig wirst vor Entzug.

Du hast dich aus freien Stücken dafür entschieden, deine ungesunde Leidenschaft aufzugeben. Nun gut, die Tatsache, dass du jeden Morgen blutigen Auswurf hattest, hat deine Entscheidung erleichtert. Dazu kam der schwere Raucherhusten, ein Bein kurz vor der Amputation, deine linke Lungenhälfte fast verloren. Kleiner Spaß. Dir hat nichts gefehlt. Abgesehen von dem bisschen Husten warst du immer gesund. Ein glücklicher Mensch. Du hast regelmäßig mit dem Rauchen aufgehört. Es war fast schon eine Passion von dir, im Frühjahr und Herbst rituell mit dem Rauchen aufzuhören. Du hast dich beim Fitnessclub angemeldet. Du warst abends joggen, bist wieder öfters ausgegangen, kamst dir wahnsinnig jung vor. Dann hattest du Stress mit deiner Frau. Ärger in der Arbeit. Und hast wieder angefangen. Dreißig Jahre lang. Dann hast du dir eines dieser Schlussmachbücher gekauft. Bis Seite 212 gelesen und den Schlussstrich gezogen. Du hast sehr bewusst deine letzte Zigarette geraucht.

Ein Stück von dir ist gestorben. Der Draufgänger. Der unspießige Teil. Du hast mit dem Rauchen angefangen, als du fünfzehn warst. Mit deinen Freunden. Mit ein paar Zügen warst du plötzlich erwachsen. Du hast geraucht, weil du auch bei den Coolen in der Raucherecke stehen wolltest. Abends beim Saufen. Die Zigarette danach. Kiffen. Jetzt hast du die Sucht besiegt. Aber du hast auch den Cowboy in dir getötet. Du wirst länger leben. Aber flacher.

Du kannst sagen »Ich habe gelebt«, wenn du jemandem das Leben gerettet hast

Gut, jemandem das Leben zu retten ist nicht so cool wie, dich für jemanden zu opfern. Wenn du aus dem Flugzeug springst, weil ihr sonst zu schwer seid. Oder wenn du dein Herz und deine Lunge hergibst, damit ein dreizehnjähriges Mädchen weiterleben kann. Aber jemandem das Leben retten, ohne dass dich das was kostet beziehungsweise wehtut, ist natürlich besser (für dich). Nur wie?

Der Klassiker: Jemand ruft um Hilfe, ist gerade am Ersaufen, du kommst zufällig vorbei und ziehst ihn raus. Und dann wirst du in der Lokalpresse gefeiert und erhältst eine Ehrenmedaille der Polizei. Das Problem ist: Wenn du nicht gerade Bademeister bist, bekommst du nur selten die Chance auf derlei Lebensrettung. Da müsstest du schon den Badesteg ansägen. Und das schmälert zweifellos die Rettungsehre.

Bleiben so halbherzige Rettungen wie der Blutspendeausweis oder Mülltrennung (Leben retten in ein paar Generationen). Es wird dir allerdings mal passieren, dass eine Frau in deiner Gegenwart geschlagen oder ein Ausländer von Rechtsradikalen angegriffen wird. Das ist deine Chance. Jetzt musst du ran. Auch wenn du damit niemandem das Leben rettest. Die Würde reicht schon.

Du kannst sagen »Ich habe gelebt«, *wenn du deine Nasenpopel isst*

Das ist jetzt wieder ein Thema, das man einer Frau nicht gleich beim ersten Rendezvous auf die Nase binden sollte. Schönes Wortspiel, oder? Während Ende der Sechzigerjahre junge Menschen noch durch Rudelbumsen, Drogenexzesse und Straßenschlachten gegen die Obrigkeit revoltierten, reduziert sich das progressive Potential des modernen Deutschland auf vereinzelte Nasenpopler. Allerdings konnte das Nasenpopeln als Akt der gesellschaftlichen Rebellion den Gruppensex und die militante Demonstration nie ganz ablösen. Man kann sogar feststellen, dass das Nasenpopeln im Prozess des globalisierten Individualismus zunehmend von der Öffentlichkeit in die Privatsphäre wechselt. Damit ist zweifelsfrei ein Dogmenwechsel weg vom sozialen Tabubruch hin zum Nahrungsergänzungsmittel für ruhige Stunden erfolgt. Schwer vorstellbar, wie jemand ein halbwegs vernünftiges Leben gelebt haben will, ohne sich je an der Frucht seiner Nase gelabt zu haben. Es geht doch nichts über die salzige, gut gewürzte Rotzsülze aus dem Gesichtsbalkon. Die kleine Mahlzeit zwischendurch. Nur du und dein Magnum.

Du kannst sagen »Ich habe gelebt«, wenn du dein Hypochonderdasein kultivierst

Rote Punkte auf dem Bauch. Ein Ausschlag. Es juckt. Deine Diagnose: ein Ekzem. Nesselsucht. Flechte. Gürtelrose. Neurodermitis. Minimum.

Du durchforstest deine Hausapotheke. Das Cortison ist alle. Es ist Sonntag, spätabends. Zur Apotheke oder lieber gleich in die Klinik? Du fährst zur Notapotheke. Klingelst. Eine alte Frau schlappt heran. »Schweres Ekzem. Extremer Juckreiz«, trompetest du durch die kleine Öffnung in der Tür. Und was macht die verhärmte Henne, die ihre Brille an einer Kette um den Hals hängen hat? Sie reicht dir eine hautberuhigende Kräutertinktur. »Ohne Rezept kann ich Ihnen keine Cortisonsalbe geben«, sagt sie. Du wirst deutlich: »Ich sterbe. Sie sind schuld. Ich zeige Sie an. Das ist unterlassene Hilfeleistung. Mit Ihrer Kräutertinktur können Sie sich die Füße einschmieren.« Du fährst voller Wut nach Hause. Am nächsten Morgen ist der Ausschlag weg.

Deine Frau sagt: »Du bist ein Hypochonder.« Das ist falsch. Du hast eine hohe Schmerzsensitivität. Eine ausgeprägte Leidensbefähigung. Eine genetische Gebrechensaffinität. Ein starkes Krankheitsbewusstsein. Du liebst dein Leben.

Das Leben ist eine unheilbare Krankheit, die mit dem Tod endet. Du hast Senk- und Spreizfüße. Ein befreundeter

Orthopäde sprach sogar mal von deformierten Füßen. Du bekommst Herz- und Pulsrasen, wenn du schnell läufst. Außerdem juckt es dich immer zwischen den Schultern. Kurzum: Du bist ein physisches Wrack. Doch keiner will es dir zugestehen. Der Grund: Du musst jeden Tag arbeiten und Geld verdienen. Keiner will dir eine Pause gönnen. Du wirst vom System geknechtet und ausgebeutet. Du bist eine Maschine, die funktionieren muss. Wehr dich. Wenn es sein muss mit einer Guerillataktik, die dich immer mal wieder zur Notapotheke führt.

Du kannst sagen »Ich habe gelebt«, wenn du den sechsten Sinn hast

Kannst du dich noch an diese Verkehrssendung in der ARD erinnern? Die mit der geilen Melodie? *Der siebte Sinn*. Da hat man gelernt, dass man bei Eisglätte nicht mit Vollgas durch die Kurve fahren sollte. Besonders wenn man nicht angeschnallt ist. Die Sendung gipfelte immer in einem sehr spektakulären Stunt, wo ein uralter Opel Kadett mit dreißig km/h gegen einen uralten Ford Escort rumpelt.

Der Mensch hat aber leider nur fünf Sinne. Fühlen. Hören. Sehen. Riechen. Und welchen noch? Spüren? Tasten? Lieben? Hand aufs Herz: Wer kennt den fünften Sinn? Der fünfte Sinn heißt Schmecken!

Es gibt Leute, die haben einen sechsten Sinn. Die steigen nicht in ein Flugzeug, das später abstürzt. Die rufen nach Jahren ihre Mutter an, gerade in dem Moment, als sie stirbt. Die bleiben am Montagmorgen im Bett und melden sich krank, weil sie so eine Ahnung haben, dass das ein Scheißtag werden könnte. Jetzt will natürlich jeder gerne einen sechsten Sinn haben. Lottomäßig ein bisschen bessere Quote haben. Beim Spicken nicht erwischt werden. Nicht jede gleich schwängern. Womöglich heißt der sechste Sinn Denken.

Du kannst sagen »Ich habe gelebt«,
wenn du übersinnliche Kräfte hast

Diese Geschichte ist eine wahre Geschichte. Sie spielt in Indien und wurde von der Nachrichtenagentur AP gemeldet.

In einem kleinen indischen Ort lebt ein junger Mann, der sich sehr intensiv mit übersinnlichen Kräften beschäftigt. Er lernt Telekinese. Sein Ziel ist es, kraft seines Geistes Gegenstände bewegen oder stoppen zu können. Er verkehrt mit vielen indischen Heiligen, Sadhus und anderen Personen, denen hohe spirituelle Kraft nachgesagt wird. Er lernt, sich sehr stark auf einen Gegenstand zu konzentrieren und ihn so zu bewegen. Nach vielen Lehrjahren erklärt er stolz, dass er nun in der Lage sei, selbst große Gegenstände kraft seiner Gedanken zu beeinflussen. Er bittet seine Familie und das gesamte Dorf zu einer Präsentation seiner Fähigkeiten zum örtlichen Bahnhof. Er will den Eilzug, der in dem Dorf normalerweise nicht hält, durch seine geistige Energie zum Bremsen zwingen. Zur Mittagszeit steht er dann, ganz in Weiß gekleidet, auf dem Gleis. Hunderte Augen blicken auf ihn, als er magische Gesänge anstimmt. Der Zug rast heran. Nishar Samuel Pretahnian hebt den linken Arm. Der Zug kommt immer näher. Nishar beschwört eine magische Formel und konzentriert sich, wie sich noch kein Mensch auf einen Gegenstand konzentriert hat. Und wird vom Zug überrollt.

Du kannst sagen »Ich habe gelebt«,
wenn du eine Muse hast

Nichtkünstler haben ja gerne mal den Eindruck, bei einer Muse handle es sich um eine gehobene Bumsmaus. Eine, die nackig in der Ecke steht und dem Herrn Maler damit Kreativität und Hormone entlockt. Eine, die vielleicht nach dem Sex noch sagt, ob sie das Bild oder das Lied gut findet. Besser beleumundet ist das Musentum höchstens bei Schriftstellern, bei deren Musen es sich um Frauen handelt, die seitenweise Briefe beziehungsweise Tagebuchauszüge verbreiten und dabei meist in die feministisch-lesbische Ecke abdriften.

Aber hinter dem Musentum verbirgt sich doch eine ganz interessante Idee: eine gute Freundin, mit der du nicht ins Bett gehst. Ein Paradoxon also. Eine Frau, bei der sich die erotische Spannung nicht in kalten Bauern und Schweiß auf der Matratze entlädt, sondern in spannenden Gesprächen.

Okay. War nur ein Witz.

Du kannst sagen »Ich habe gelebt«, wenn du einen Londoner Wachsoldaten zum Lachen gebracht hast

Meinem lieben alten Onkel Fritz dürfte ich das nicht erzählen. Der fände das nicht gut. Einen britischen Wachsoldaten zum Lachen bringen? Niemals. Besser töten. Aber die Zeiten haben sich geändert, und wir jungen Leute haben große Freude an der königlichen Palastwache. Die stehen neben ihrem Wachhäuschen mit ihrer riesigen Bommelmütze und schwitzen im Sommer beziehungsweise frieren im Winter.

Das Tollste: Du kannst zu ihnen sagen, was du willst, sie widersprechen dir nicht. Egal, ob du Grimassen schneidest oder dreckige Witze erzählst. Sie dürfen nicht lachen und nichts sagen. Der nette junge Soldat kann und darf sich nicht dagegen wehren, dass du ihm einen Witz ins Ohr flüsterst. Es gibt nichts Schöneres, als zu sehen, wie sich seine Gesichtsmuskulatur langsam verhärtet. Wie er zu zittern anfängt und dann laut losprustet, dass ihm fast die Mütze vom Kopf fällt. Du stellst dich also ganz nah neben seinen Kopf und flüsterst: »Liegen ein Mann und eine Frau im Bett. Sagt sie: ›Schatz, du kleines Schweinchen, flüstere mir doch mal was Dreckiges ins Ohr.‹ Er traut sich erst nicht recht. Doch dann haucht er: ›Küche.‹«

Du kannst sagen »Ich habe gelebt«, *wenn du begriffen hast, worin der Sinn der menschlichen Existenz liegt*

Es gibt kaum etwas philosophisch Stimulierenderes, als einem Tennispublikum dabei zuzuschauen, wie es einen langen Ballwechsel aufmerksam verfolgt. In diesem Moment überkommt dich eine merkwürdige Ahnung davon, was der Mensch eigentlich ist, wo er herkommt und wo er hingeht und was das alles soll. Du merkst, dass du ganz kurz davor stehst, das Universum zu begreifen, die Weltformel, den Schlüssel zum Glück. Du schaust weiter in die Menge, um den letzten Schritt auf dem Weg der Erkenntnis zu gehen. Aber immer, wenn sich deine Ahnung in etwas Fassbarem manifestieren will, macht einer der beiden Spieler den Punkt.

Du kannst sagen »Ich habe gelebt«,
wenn du Geduld gelernt hast

Viele Menschen leiden ja unter einer gewissen Unge-
duld. Sie hassen es zu warten. Warten ist nichts anderes als ereignislose Zeit. Da liegt das Problem. Der Deutsche will keinen Augenblick seines großartigen Lebens
wegwerfen. Keine Sekunde verschenken, nur weil eine
Frau den Gang an der Ampel nicht rechtzeitig einlegt. Keine Minute vergeuden, bloß weil der Kellner unaufmerk-
sam ist. Keine Stunde vertun, weil der Zug Verspätung
hat. Das Leben ist so schon fad genug.

Wesentlich lockerer im Umgang mit Warten sind die Afri-
kaner. Die können sich einfach hinhocken und warten.
Wochenlang. Vielleicht mal was trinken. Alle paar Tage
mal pinkeln gehen. Der Bus wird schon kommen. Und
wenn nicht, macht auch nichts. Jetzt, wo man so gemütlich zusammensitzt.

Als Frau kann man die Zeit ja durch Nachdenken und
Überlegen und Sich-Gedanken-Machen und Grübeln und
Reflektieren verbringen. Als Mann gibt es nahezu keine
Beschäftigung, wenn man nichts zum Lesen dabeihat.
Also, ich kann mir auch mal Gedanken machen. So in der
Art: »Was läuft in meiner Beziehung nur falsch?« Oder:
»Wann muss der Wagen eigentlich zum TÜV?« Aber ich
bin meistens in einer Minute fertig. Leider.

Bei dieser Gelegenheit müssen wir über Deutschlands

größten Zeitdieb sprechen: die Bahn. Die Deutsche Bahn AG ist ein sehr großes Unternehmen, das Verspätungen produziert und nebenbei Zugfahrten organisiert. Da bleibt der Zug einfach mal auf halber Strecke stehen. Für drei Stunden. Wegen einer Signalstörung. Der Schaffner weiß von nichts, weil er gerade seinen Schnurrbart kämmen musste. Der einzige, der nie Verspätung hat, ist dein Anschlusszug.

Wenn man davon ausgeht, dass jeder der zweiundachtzig Millionen Deutschen im Jahr zehn Stunden auf verspätete Züge wartet, kostet die Bahn unser Volk im Jahr achthundertzwanzig Millionen Stunden. Das macht bei einer durchschnittlichen Lebenserwartung von achtzig Jahren jährlich elfhundertsiebzig Menschenleben. Nur durch Warten. Damit ist die Bahn nach Herzinfarkt und Krebs die größte deutsche Volksseuche.

Es gibt Forschungsergebnisse, wonach Warten ein relativer Vorgang ist. Die Zeit kommt dir subjektiv umso länger vor, je wichtiger du dich selber nimmst. Du musst also nur bescheidener werden. Eine schwere Aufgabe, aber nicht unlösbar: Du hast dafür alle Zeit der Welt.

Du kannst sagen »Ich habe gelebt«,
wenn du jemanden überraschen kannst

Neulich hatten meine Freundin und ich unser Zehnjähriges. Da habe ich meiner Freundin die Augen verbunden und sie ins Auto gesetzt. »Zur Feier des Tages habe ich eine Überraschung für dich«, habe ich gesagt. »Ich habe ein wunderschönes Feiertagsprogramm für dich zusammengestellt. Es wird der schönste Tag deines Lebens.« Da war Steffi sehr aufgeregt. Ich habe ihr die Augen verbunden und sie ins Auto gesetzt. Ich bin Richtung Autobahn gefahren und habe gesagt, wir werden rund eine Stunde unterwegs sein. Sie hat sich gefragt, wo die Reise wohl hingehen wird. Im Umkreis von einer Stunde sind eine Reihe sehr feine Restaurants, die sie alle begeistert herunterbetete. »Oder hast du etwa ein Schloss für uns gemietet?« fragte sie enthusiastisch. »Lass dich überraschen«, sprach ich und wendete, ohne dass Steffi mit ihren verbundenen Augen davon etwas mitbekommen hätte. Wir hielten. Ich führte sie mit verbundenen Augen in ein Lokal. Man hörte Leute im Hintergrund kichern, als ich Steffi mit Augenbinde hereinführte. Die Bedienung war eingeweiht, führte uns an einen schönen Tisch und brachte den Aperitif. Dann sagte ich zu Steffi: »Lass uns erst mal anstoßen.« Sie trank und sagte: »Oh, ich bin so aufgeregt!« Ich sagte ihr, dass ich ein Menü zusammengestellt habe und sie nun die Augenbinde abnehmen könne. Steffi schaute sich um und blickte mich völlig verstört an. »Wo sind wir?« fragte sie entgeistert. »Wir sind im Asado-Steakhaus in der Innenstadt. Wir waren noch nie in einem Steakhaus. Ich weiß, dass du Vegetarierin bist, deshalb habe ich dir ein vegetarisches Menü zusammengestellt. Es gibt einen großen Teller am Salatbüfett, eine Country-Kartoffel und Tiramisu. Als Aperitif hatten wir einen Prosecco, zur Hauptspeise gibt es eine Flasche Rosé, und als Digestif darfst du dir einen Magenbitter auswählen.« Anschließend habe ich sie dann in ein Karaoke-Lokal geführt und ihr »Unchain my heart« von Joe Cocker vorgesungen. Dann wollte ich noch zum Bowling. Sie hat sich aber geweigert.

Wenn man das jetzt so schreibt, klingt es ziemlich doof. Aber wir haben sehr viel gelacht an dem Abend. Im Bett, vor dem Einschlafen, hat sie gesagt: »Du hattest Recht. Es war der schönste Tag meines Lebens.«

Du kannst sagen »Ich habe gelebt«, *wenn du dich im Internet zurechtfindest*

Es ist ein schönes Gefühl, dass dir alles Wissen der Erde zur Verfügung steht. Dass du von deinem Computer daheim jederzeit auf neun Milliarden Pornobilder zugreifen kannst. Dass die ganze Vielfalt der Zivilisation ihren Platz in der Cyberwelt gefunden hat. Es gibt soziologische Studien über Abahatschi-Indianer, virtuelle Tierfriedhöfe und ein gutes Dutzend Seiten, das sich auf sodomitische Sexbilder mit Reptilien spezialisiert hat. Das World Wide Web ist zum Hirn der Menschheit geworden. Und es gibt Suchmaschinen, die das virtuelle Gedächtnis organisieren. Hier ein Beispiel, wie das Wissen der Menschheit laut Suchmaschine Google verteilt ist: Ficken: 2 590 000 Treffer; Goethe: 165 000 Treffer.

Du kannst sagen »Ich habe gelebt«, *wenn du den perfekten Rausch erlebt hast*

Der perfekte Rauschzustand für einen Mann im fortpflanzungsfähigen Alter ist, wenn du genau so betrunken bist, dass du dich für unwiderstehlich hältst und den Mut findest, fremde Frauen anzusprechen. Aber gerade noch nicht so besoffen, dass du lallst oder ihr in den Ausschnitt kotzt. Du musst in der Lage sein, sie nach dem Drink, auf den du sie in alter Manier eingeladen hast, noch auf die Tanzfläche zu führen. Du musst gerade so enthemmt sein, dass du dich überhaupt zu tanzen traust. Aber noch nicht so betütert, dass du von ihr gestützt werden musst. Du musst so viel bechern, dass du nicht mehr wortkarg und dröge bist, aber noch nicht schwatzhaft und vulgär. Du musst so tierisch besoffen sein, dass du sie trotz aussichtsloser Lage fragst, ob sie noch mit dir ins Bett geht. Und dann musst du plötzlich wieder nüchtern genug sein, um noch einen hochzukriegen. Der perfekte Rausch ist eine komplizierte Angelegenheit.

Du kannst sagen »Ich habe gelebt«, *wenn du geküsst hast*

Es ist erstaunlich, was für ein Tamtam ums Küssen gemacht wird. Da steckst du einer Frau dein Geschmacksschnitzel ins Gesicht, bis der Geifer aus euren Mundwinkeln rinnt. Da wirbelst du mit deinem Oralfladen im fremden Schlund, bis sich der Speichel zieht wie der Käse auf der Pizza. Du rührst mit deiner Gaumenluke in der gegnerischen Kauleiste, bis die Tante scharf ist wie ein japanisches Sushimesser.

Die Art, wie sie küsst, sagt sehr viel über eine Frau aus. Da gibt es die Mädchen, die öffnen die Lippen gerade so weit, dass du deine Zunge beziehungsweise winzige Teile deiner Zungenspitze einführen kannst. Dieser Kusstyp macht beim Sex das Licht aus. Falls du so eine überhaupt jemals ins Bett bekommst. Das gleiche gilt für Frauen, die den Mund zwar bereitwillig öffnen, wo du aber nur ein scheintotes Rachenfilet vorfindest. Andere Frauen wirbeln dir im

Schleudergang mit ihrem Knutschkolben im Mund herum, dass du Angst kriegst, ob deine Plomben halten. Diesen Frauentyp wirst du nach dem One-Night-Stand nicht mehr los. Achtung, Telefonterror! Dann gibt es Frauen, die haben ihren Flüssigkeitshaushalt nicht ganz im Griff. Deren orales Mikroklima ist entweder so feucht, dass du zu ertrinken drohst, oder so trocken, dass dir das Mandelsegel verdorrt. Die machen beim Einparken die Tür auf, um besser zu sehen. Und schließlich gibt es Frauen, die küssen ganz okay. Da bleibt die Zeit stehen.

Du kannst sagen »Ich habe gelebt«, wenn du Tretboot gefahren bist

Sonntagnachmittag. Du schlenderst Hand in Hand mit deiner ersten Liebe durch den Park. Du hast für sie Gänseblümchen gepflückt. Das erste Mal in deinem Leben nimmst du Vogelgezwitscher bewusst wahr. Du hast so ein Gefühl im Bauch, als könntest du fliegen. Ihr kommt am See vorbei und leiht euch ein Tretboot aus. Sie fällt dir in die Arme, als ihr einsteigt. Wie lenkt man so ein Boot? Du strampelst vor Aufregung viel schneller und fester als sie. Das Boot fährt immer im Kreis. Sie lacht. Du lachst. Der Tretbootvermieter hält euch für bescheuert. »Carpe diem«, würdest du sagen, wenn du Lateinisch könntest. Du lädst sie auf ein Eis ein. Sie nimmt Zitrone und Joghurt. Du nimmst Schokolade und Erdbeere. Wir passen zusammen, denkst du dir. Und irgendwann wachst du aus dem Traum auf und merkst, dass das Leben und die Beziehung wird wie eine Tretbootfahrt. Du musst strampeln und kommst trotzdem kaum von der Stelle. Du hast das Gefühl, dich immer im Kreis zu drehen. Und musst am Ende dafür bezahlen.

Du kannst sagen »Ich habe gelebt«, wenn du bei McDonald's warst

Die Welt ist so groß und hat so viel zu bieten. Da leben Schwarze und Weiße. Christen, Juden und Moslems. Indianer und Inuits. Monogame und Transsexuelle. Chinesen und Aborigines. Und keiner davon hat jemals einen Big Mac gegessen, dessen Gurken einen anderen Durchmesser als siebzehn Millimeter gehabt hätten. Jeder Burger bei jedem McDonald's auf der Erde hat denselben geeichten Gurkendurchmesser. Das ist sehr beruhigend.

Aber ist euch schon aufgefallen, dass die meisten Leute bei McDonald's unter unreiner Haut leiden? Keine Tischmanieren haben? Fett sind? Und schlecht gekleidet? Ewig brauchen, bis sie ihr Kleingeld aus dem Portemonnaie gekramt haben? Schuld sind am Abholzen riesiger Urwälder? Unwürdiger Massentierhaltung? Überfischung der Meere? Ach, scheiß drauf! »Ich hätte gerne zwanzig Chicken McNuggets, den FischMäc, einen McRib und eine große Cola. Aber bitte ohne Eis, ich habe so einen empfindlichen Magen.«

Du kannst sagen »Ich habe gelebt«, *wenn du Soldat warst*

Soldat sein ist nicht einfach. Du liegst monatelang bei minus vierzig Grad im Schützengraben. Du wirst verwundet. Als Soldat hast du ja so gut wie keine Chance, jemals verletzt zu werden. Du wirst immer gleich verwundet. Du hast schreckliche Dinge gesehen, mit Männern duschen müssen und solche Sachen, und ihr habt den Krieg trotzdem verloren. Dieser historischen Tatsache sollten wir endlich mal ins Antlitz blicken. Wir haben den Krieg verloren, da gibt es nichts schönzureden. Aber es war schon reichlich unfair. Alle gegen einen. Na gut, die Geschichte ist ein paar Jahre her.

Inzwischen dürfen Hippies ungestraft behaupten: »Soldaten sind Mörder.« Obwohl sie noch nie ein Gewehr in der Hand gehalten haben. Geschweige denn jemanden damit von hinten erschossen. Kaum haben die fünfzehn Monate lang irgendwelchen Rentnern den Arsch abgewischt, schon wollen sie sich ein Urteil über Soldaten erlauben. Soldaten blöd finden. Gruppenerschießungen in Frage stellen. Landminen missbilligen. Folter verabscheuen. Sich von Massenvergewaltigungen distanzieren. Ist ja alles erlaubt heutzutage.

Du kannst sagen »Ich habe gelebt«, *wenn du ein Haus gebaut hast*

W er hat heutzutage schon die Fähigkeiten, mit eigenen Händen ein Haus zu bauen? Es reicht ja kaum zum IKEA-Schrank. Da bleibt nur eins: Haus bauen im Wüstenrot-Sinn. Ein wirtschaftliches Ziel setzen und erreichen. Und plötzlich wissen, dass du nur noch vierzig Jahre zurückzahlen musst, und dann gehört das Reihenhaus dir. Einfach so. Von einem Tag auf den anderen.

Du kannst sagen »Ich habe gelebt«, wenn du deinen Partner per Kontaktanzeige kennengelernt hast

Multimillion. mit Porsche/Yacht, wohlh., sehr großz. sucht gutauss. Frau für spann. Std. Chiffre.« Es gibt Partnerschaftsanzeigen, da ahnt man schon, dass der Aufgebende ein kleines bisschen geschwindelt hat. Ist es nicht schwer vorstellbar, dass ein sehr reicher, gutaussehender, intelligenter Mann samstags die Wochenendausgabe einer überregionalen Tageszeitung nach seiner Traumfrau durchforstet? Jeder mittelmäßig aussehende Typ ist damit beschäftigt, den One-Night-Stand noch vor dem Frühstück aus der Wohnung zu komplimentieren. Andererseits ist die Vorstellung verlockend, dass du ungeduscht auf dem Sofa sitzt, ein Bier trinkst und Frauen auswählst: »Lieber Unbekannter. Es ist das erste Mal, dass ich auf eine Kontaktanzeige antworte, aber deine Annonce ging mir so zu Herzen, dass ich dich unbedingt kennenlernen will ...«

Die fünf, die den unkompliziertesten, sprich willigsten Eindruck machen, werden beantwortet, und dann wird eine Woche lang gedatet. Nächstes Wochenende kommt wieder Nachschub. Aber andererseits gibt es keinen Begriff, auf den du dich so wenig verlassen kannst wie auf das Wort »attraktiv«. »Attraktiv« in Kontaktanzeigen heißt: »Ich kann über einen Platz gehen, ohne dass die Leute vor Schreck tot umfallen.« Aber leider nicht mehr.

Du kannst sagen »Ich habe gelebt«,
wenn du eine Geisel befreit hast

Das Traurige an unserer Welt ist, dass es kaum noch richtige Helden gibt. Wenn du die Polizei rufst, weil gerade neben dir ein junger Schwarzer totgeprügelt wird, gehst du ja schon als Held durch die Lokalpresse. Während die alten Idole TKKG und die Jungs von den »drei Fragezeichen« noch alle naselang mit Mordfällen konfrontiert wurden, bleibt für uns gerade mal ein verlorener Regenschirm oder eine tattrige Oma am Straßenrand. Und sind wir mal ehrlich: Was bringt es einem, so eine alte Schachtel über die Straße zu schleppen? Nix. Wir brauchen endlich mehr Gelegenheiten, um uns als Helden zu profilieren. Deshalb fordern wir: Blinde an jeder Straßenecke. Zu reanimierende Rentner in allen größeren Fußgängerzonen. Hohe Alleebäume mit zu rettenden Schmusekatzen. Verzweifelte Nachbarinnen mit explodierten Geschirrspülern. Zu befreiende Geiseln im Waschkeller.

Du kannst sagen »Ich habe gelebt«, wenn du der König des Smalltalks bist

Wenn du eine Frau ansprechen willst, sind die ersten zehn Minuten die schwierigsten. Du überlegst stundenlang, mit welchem Spruch du das hübsche Mädchen an der Bar anreden sollst. Bringst du den üblichen »Du hast tolle Augen«-Scheiß? Oder lieber: »Darf ich dich auf einen Drink einladen?« Aber schon bald stockt das Gespräch. Du fragst: »Und was machst du so?« Sie fragt: »Was bist'n du für'n Sternzeichen?« Schwierige Situation. Ich habe ja eine Vorliebe für unglaubliche Geschichten. Über das Sexleben von Tieren. Letztens habe ich eine Frau kennen gelernt ...

Ich habe gleich als Einstieg zu ihr gesagt: »Der männliche Gottesanbeter kann mit seiner Frau noch kopulieren, wenn sie schon angefangen hat, ihn aufzufressen.« Sie sagte: »Ach was.« Ich sagte: »Kater haben Widerhaken an ihren Penissen, weshalb Katzen beim Rückzug des Liebhabers meist schreien.« Sie sagte: »Tatsächlich?« Ich: »Austern wechseln das Geschlecht je nach Wassertemperatur.« Sie: »Ehrlich?« Ich: »Manche Schlangen können bis zu vierundzwanzig Stunden kopulieren.« Sie: »O Gott.« Ich: »1971 kam bei Christie's in London der Penis Napoleons zur Versteigerung, aber der geforderte Mindestpreis wurde nicht geboten.« Sie: »Ich pack's jetzt lieber!«

Na ja, kurzum. Sie war nicht die Richtige. Ich suche eine

Frau, die sich auch mal über etwas anderes als *Sex in the City* und *Ally McBeal* unterhalten kann. Eine ganz besondere Frau. Wenn ich sie jemals treffen sollte, würde ich ihr nach dem ersten Rendezvous meine allerschönste Geschichte erzählen. Ich war mal auf der Insel Nauru in Mikronesien. Da gibt es ein kleines Dorf. Der Ortsname lautet in der Landessprache Maori: Taumatawhakatangihangakoautotamateaturipukakpkimanugahoronukupokawhenuakitinatahu. Es ist der längste Ortsname der Welt. Ich habe ihn mir übersetzen lassen. Er bedeutet: »Der Felsgipfel, wo Tamatea, der Mann mit dem dicken Knie, der die Berge hinunterrutschte, hinaufkletterte und verschlang, der Entdecker des Landes, seiner Geliebten auf der Flöte vorspielte.« Wenn sie die richtige ist, wird sie die Geschichte lieben.

Du kannst sagen »Ich habe gelebt«,
wenn du von einer Klippe gesprungen bist

Als der liebe Gott den Menschen schuf, hat er ein paar üble Fehler eingebaut. Einer ist der, dass Dinge von unten nicht so hoch aussehen wie von oben. Zum Beispiel Klippen. Da kommst du zu einem schönen Badestrand, schaust den Felsen am Ufer hinauf, und er sieht keinen Zentimeter höher aus als zwei Meter fünfzig. Das Wasser ist warm, die Mädchen sind hübsch, da lacht das Herz, und schwuppdiwupp steigst du in flotten Schritten nach oben. Doch kaum hast du dich in Klippenspringerpositur geworfen, musst du mit Erschrecken feststellen, dass aus den zwei Meter fünfzig plötzlich sechsundachtzig Meter geworden sind.

Der nächste Schöpfungsfehler: Dein Mut beim Klippenspringen reicht für etwa zwei Meter achtzig, nicht aber für sechsundachtzig. Ebenfalls blöd konstruiert ist das Hirn: Der Mensch denkt immer erst oben auf der Klippe darüber nach, wie tief das Wasser unten eigentlich ist. Zwangsläufig überfällt dich die Idee, dass du dir den Bauch aufschürfen wirst, weil das Wasser total flach ist. Das Ergebnis: PANIK. Nur gehirnamputierte Blinde stürzen sich aus sechsundachtzig Meter Höhe ohne Angst ins Meer. Aber das machen sie leider sehr, sehr cool. Und deshalb hast du nur eine Möglichkeit: Mach die Augen zu, spring und hoff, dass du von einem schönen Mädchen wiederbelebt wirst.

Du kannst sagen »Ich habe gelebt«, *wenn du Skifahren warst*

Es ist irrsinnig früh, und du stehst schon im Stau. Es ist irrsinnig kalt, und du musst nach draußen. Es ist mittags, und du bist schon betrunken. Willkommen in der Welt des Skifahrens. Es gibt keine Möglichkeit, näher am Himmel zu sein. Bei einem Weißbier auf der Hüttenterrasse. Als König der Buckelpiste. Wenn die Sonne scheint. Mitten in der Natur. Zwischen Skihasen und Boarder-Karnickeln.

Achtung, jetzt kommt der Grund, warum Menschen Ski fahren: Es ist das Gefühl, wenn du abends die Schnallen deiner Skischuhe öffnest. Eine befreiende Empfindung, die sich nur mit einem Orgasmus oder der Scheidung nach zwanzig Jahren Ehe vergleichen lässt. Plötzlich spürst du sogar deine Zehen wieder. Sie jucken, als wärst du in einem Ameisenhaufen gestanden. Aber bis du daheim bist, leben sie wieder. Stehst ja lange genug im Stau.

Du kannst sagen »Ich habe gelebt«, wenn du die besten Sprüche aus Kinofilmen zitieren kannst

Hier unsere Lieblingssprüche:
»Ich muss Ihnen gestehen, dass ich ernsthaft darüber nachdenke, Ihre Frau zu verspeisen.«
(*Hannibal*)

»Quäl dich nicht, mein Liebling, überlass das mir.«
(*Addams Family*)

»Es gibt zwei Gründe, warum ich hier bin: Um mich zu prügeln und um Bier zu trinken – und das Bier ist fast alle.«
(*Dazed and Confused – Sommer der Ausgeflippten*)

»Ich hab mir die Rocky Mountains immer bergiger vorgestellt.«
(*Dumm und Dümmer*)

»Sehr gefährlich. Du gehst am besten zuerst.«
(*Jäger des verlorenen Schatzes*)

»Jetzt komm ich mir vor wie ein Arschloch.« – »Das sagst du nur, weil du Hämorrhoidensalbe im Gesicht hast.«
(*Living in Oblivion – Total abgedreht*)

Mr. Hall: »Travis Berkenstock, achtunddreißig Verspätungen. Die meisten der Klasse. Gratulation …« – Travis: »Wow … das kommt so unerwartet. Ich habe nicht einmal eine Rede vorbereitet. Aber ich möchte sagen, sich zu verspäten ist etwas, das man nicht alleine machen kann. Viele, viele Menschen haben ihren Beitrag dazu geleistet. Ich möchte meinen Eltern danken, die mich nie mit dem Wagen zur Schule fahren lassen, dem Busfahrer, der so langsam fährt, und, last but not least, dem wundervollen Team von McDonald's, das ewig braucht, um diese kleinen Muffins herzustellen. Ohne euch würde ich nie zu spät kommen. Danke.«

(Clueless – Was sonst)

Du kannst sagen »Ich habe gelebt«,
wenn du ein Picknick gemacht hast

Es gibt einen germanischen Brauch, bei dem die Menschen ihre Speisen rituell mit den Insekten teilen. Dabei gehen häufig ganze Sippen – meist kurz vor schweren Unwettern – zu nahegelegenen Plätzen in der Natur, um ihr Essen unter freiem Himmel zu verspeisen. Sie weichen Eichen und suchen Buchen, anstatt vorher den Wetterbericht zu konsultieren. Der Fixstern des Picknicks zwischen Oder und Isar ist der Nudelsalat. Um ihn dreht sich alles. Er wird mit modernster Döschentechnologie von Tupperware vor den chitingepanzerten Schnorrern geschützt. Und doch ist und bleibt er der kleinste gemeinsame Nenner zwischen Ameisen und Tante Gertrud. Mit und ohne Erbsen.

Dazu kommen frische Luft, ein handgeflochtener Picknickkorb, eine schöne Picknickdecke und ein paar megaaggressive Wespen. Da gibt es japanische Suizidwespen, die sich sofort in dein Bier stürzen. Und dann gibt es indische Gurkha-Wespen, die sich sehr gut tarnen und dann blitzschnell zuschlagen, indem sie genau denjenigen im Clan in die Speiseröhre stechen, der eine Allergie gegen Insektenstiche hat.

Nur unsere Freunde aus Italien sehen das traditionell etwas entspannter. Sie fahren mit ihrem Kleinwagen auf einen Rastplatz in unmittelbarer Nähe der Autobahn. Dann machen sie es sich gemütlich. Dabei bleiben sie im Auto sitzen. Auf dem Höhepunkt des italienischen Picknicks kann es sogar passieren, dass einer sein Fenster runterkurbelt. Um den Müll rauszuwerfen.

Du kannst sagen »Ich habe gelebt«, wenn du die Öffnung der Mauer miterlebt hast

Was waren das für wundervolle Bilder. Unvergessene Momente. Menschen, die vor Glück weinen. Leute, die auf der Mauer tanzen. Trabi-Karawanen in Richtung Westen. Seit Jahrzehnten getrennte Familien finden wieder zusammen. Selbst die berüchtigten Grenzer lächeln. Ein Volk im Rausch. Die *Bild*-Zeitung titelt in Schwarz-Rot-Gold. Helmut Kohl hat den gesamten Warschauer Pakt in die Knie gezwungen. Russland kapituliert vor der deutschen Wirtschaftsmacht. Ich hoffe, ich habe da historisch nichts durcheinander gebracht.

Nun gut, dann kam die Ernüchterung. Als die Ossis ihr Begrüßungsgeld abgeholt, ihren Videorekorder und ihren Gebrauchtwagen gekauft hatten, kam die große Depression. Sie haben uns reingelegt. Die Russen hatten uns neun Millionen arbeitslose Nazis aufs Auge gedrückt, die wir nun durchfüttern müssen. Ich sage nur »Solidaritätszuschlag«. Zum Dank wählen sie die Kommunisten und jagen Ausländer.

Aber die Bilder damals waren wunderbar. Es war eine tolle Party. Es ist wie immer: Je heftiger die Party, desto schlimmer der Kater.

Du kannst sagen »Ich habe gelebt«, *wenn du mit einer Frau zusammengelebt hast*

Schon mal einen dieser Sätze gesagt? »Schatz, darf ich bitte auch mal kurz ins Bad?« – »Liebling, ich will nicht schon wieder Ally McBeal anschauen.« – »Du tust mir unrecht, ich habe mich immer hingesetzt.« – »Müssen wir wirklich auch Aluminium aus dem Müll sortieren?« – »Warum brauchen wir einen eigenen Schrank nur für deine Schuhe?« – »Warum kannst du meine Freunde nicht ausstehen?« – »Aber ich bin mir sicher, es sind nicht meine Haare, die das Abflussrohr verstopfen.«

Mann und Frau gehören in ein Bett. Aber nicht in eine Wohnung.

Du kannst sagen »Ich habe gelebt«, wenn du auf dem Oktoberfest warst

Frauen mit klodeckelgroßen Dekolletés. Schwankende Leute, die »Gsuffa!« rufen und dabei Brezen-Reste über den Biertisch spucken. Rempelnde Bedienungen. Knietiefe Kotzpfützen. Es gibt nichts Schöneres als das Oktoberfest. Allerdings empfiehlt es sich, mit zwei Maß Bier den Blick für das Schöne im Bierzelt zu schärfen. Die erste Maß braucht man, um den Lärm und den Gestank überhaupt zu ertragen. Die zweite Maß öffnet die Tür im Hirn, hinter der im Alltag Frohmut und Ausgelassenheit schlafen. Nur leider flüchten durch dieselbe Tür auch Anstand und Takt und werden den ganzen Abend über nicht mehr gesehen. Bis morgens, wenn dir voller Grausen einfällt, dass du nahezu sämtliche Kolleginnen sexuell belästigt und deinem Chef ans beziehungsweise ins Sakko gekotzt hast.

Die Maßkrüge drei bis sieben wirken sich je nach Charakter unterschiedlich aus. Der eine schläft mit der Breze im Gesicht ein und muss von den armen Kollegen ins Taxi getragen werden. Der andere gibt den ausgelassenen Tänzer, der sofort den Biertisch besteigt und den Kollegen im Hendl herumspringt, bis er nach hinten umkippt und sich im Ausschnitt der Buchhalterin wiederfindet. Aber egal, welcher Typ du bist, eins folgt immer: ein peinlicher Morgen.

Du kannst sagen »Ich habe gelebt«, *wenn du Nacktfotos von dir hast machen lassen*

Die ganzen Filmsternchen und Sportlerinnen, die vom *Playboy* gefragt werden, ob sie sich vorstellen können, sich nackt fotografieren zu lassen, antworten immer: »Ja, aber nur wenn es ästhetisch ist.« Und dann werden sie nach Mallorca geflogen, wo sie voller Wehmut aufs weite Meer hinaus blicken, während der Fotograf die Oberweite großformatig einzufangen versucht.

Und wenn sie dann im Interview gefragt werden, wie die Nacktbilder im heimischen Ochsenhausen so angekommen sind, heißt es: »Meiner Mutter gefallen sie sehr.« Ganz selten heißt es: »Meinem Vater gefallen sie sehr.« Das kommt nahezu nie vor.

Du kannst sagen »Ich habe gelebt«, *wenn du von der Schule geflogen bist*

Einmal aus dem Fenster gepinkelt. Ethiklehrer verarscht. Im Klo geraucht. Dreiundzwanzig Tage lang mit gefälschten Attesten krank gewesen. Sonst immer unpünktlich. Schutzgeld erpresst auf dem Schulhof. Was man halt so macht als junger, kreativer Mensch. Seine Grenzen ausloten. Ein bisschen Spaß haben. Es ist erstaunlich, wie humorlos die deutschen Schuldirektoren durchs Leben schreiten. Sie gönnen einem nichts. Verstecken sich hinter Regeln und Normen und Verweisen. Kein Wunder, dass du die Unterschriften deiner Eltern fälschen musst. Schließlich willst du ihnen ja keine Sorgen bereiten. Und dann bist du wieder in so einer Spirale, die damit endet, dass du schon vormittags immer im Einkaufszentrum vorm McDonald's herumhängst. Mit all den anderen Jungs, die später mal arbeitslos sind. Dafür kommst du unglaublich gut bei den Mädels an. Und das ist doch wohl das Wichtigste.

Du kannst sagen »Ich habe gelebt«, wenn du einmal jemandem gekündigt hast

In Deutschland profitieren vierunddreißig Millionen Menschen davon, dass sich niemand traut, sie rauszuschmeißen. Die ganzen hoffnungslosen Mitarbeiter, die bei genauer Prüfung sofort in den Ruhestand geschickt werden müssten. Obwohl sie oft erst vierundzwanzig Jahre alt sind. Aber dann hätten wir noch mehr Arbeitslose. Fast vierzig Millionen. Und wer kocht uns dann den Kaffee? (Kleiner Scherz unter Managern.)

Doch kommen wir zum konkreten Vorgang der Entlassung. Da gibt es zwei Lager. Entweder du machst die brutale Tour. Motto: »Du räumst in zwei Minuten deinen Arbeitsplatz oder ich lass dich von der Polizei wegschleifen.« Oder du schleimst die Leute so lange zu, bis sie gar nicht mehr wissen, warum sie eigentlich gekündigt wurden und aus dem Gespräch psychisch gestärkt, aber ohne Job rausgehen.

Und was machen die Pfeifen, wenn sie aus ihrem jahrelangen Arbeitskoma gerissen werden? Sie rennen zu einem Anwalt und klagen vor dem Arbeitsgericht auf Wiedereinstellung. Mit Erfolg. Deshalb hat das Ganze wenig Sinn.

Du kannst sagen »Ich habe gelebt«, wenn du dich deiner Herkunft nicht schämst

Das ist eine heikle Geschichte für uns Deutsche. Wer beim Fußball-Länderspiel mitjubeln will, sollte lieber die Gardinen zuziehen. Sonst gilt man in der Nachbarschaft schnell als Nationalist und Nazi und wird vom Verfassungsschutz überwacht. Wenn man Deutsche im Ausland über ihr Land reden hört, treibt es einem die Tränen in die Augen. Große Steuerlast, korrupte Politiker, viele Staus. Kaum ein Deutscher findet gute Worte über seine Nation. Den deutschen Olympioniken muss man die deutsche Flagge schon in die Hände zwingen, damit sie damit über die Ziellinie laufen. Kaum ein Spieler im Team kann die deutsche Nationalhymne mitsingen. Lothar Matthäus hat sie in elftausend Länderspielen nicht gelernt.

Gäbe es die deutschen Autobahnen ohne Tempolimit nicht, hätte der Deutsche nichts, mit dem er sich identifizieren kann. Das ist schon erstaunlich. Schließlich gibt es ein ziemlich großes Land jenseits des Ozeans mit sehr unkultivierten, fetten Einwohnern, das sich immer mit mindestens drei Ländern in kriegsähnlichem Zustand befindet. Nur: Diese Menschen schämen sich nicht für ihre Herkunft. Stellt sich natürlich die Frage: Warum sind die Deutschen so schlecht drauf? Wegen des Wetters? Immer noch wegen Berti Vogts? Haben wir den Krieg verloren? Wo ist die gute alte D-Mark geblieben? Ist die Spaßgesellschaft schon wieder vorbei? Geht Harald Schmidt einen Schritt zu weit? Fragen, die nur die Feuilletons der überregionalen Tageszeitungen beantworten können. Das werden auf jeden Fall spannende Debatten.

Wir Mistkäfer brauchen uns unserer Herkunft nicht zu schämen. Schon die alten Ägypter...

Sogar Mistkäfer sind stolzer als Deutsche

Du kannst sagen »Ich habe gelebt«,
wenn du im Colosseum in Rom warst

Es gibt keinen anderen Platz auf der Welt, wo einem so die Phantasie durchgeht wie im Colosseum. Da sitzt du in diesem alten Steinhaufen, und plötzlich siehst du verwegene, bis unter die Zähne bewaffnete Gladiatoren, die gegen ausgemergelte, aber mutige Sklaven kämpfen.

Hungrige Löwen, von muskulösen Hünen in den Schwitzkasten gezwungen. Wie der römische Kaiser mit dem Heben oder Senken seines Daumens über Leben und Tod der Krieger entscheidet. Einmal soll das Colosseum sogar mit Wasser gefüllt worden sein für eine dufte Seeschlacht, bei der sich hundert Leute abgemetzelt haben.

Ein paar tausend Jahre ist das her. Und dann denkst du darüber nach, wie dein Freizeitprogramm aussieht. Was du jetzt abends Spannendes machst. Table Dance, wo die Mädels nicht mal die Unterhose ausziehen. Schaumparty in der Disko. Schwäbische Kabarettisten. All-you-can-eat-Büfett bei Pizza Hut. Nirgendwo sonst wird einem derart bewusst, dass die Zivilisation eigentlich voll für den Arsch ist.

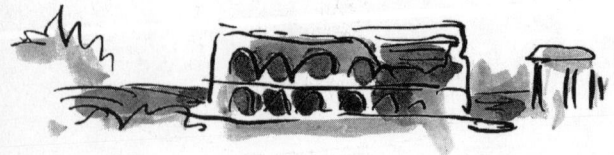

Du kannst sagen »Ich habe gelebt«, *wenn du keine Angst vorm Zahnarzt hast*

Na, auch schon mal ohnmächtig geworden, wenn der liebe Onkel Doktor mit seinem Bohrer zu lange auf den Nerv gedrückt hat? Nein? Na, dann ist ja gut. Auch sehr schön fanden wir die Geschichte von dem Typen, bei dem ausgerechnet im Mundraum der Gerinnungsfaktor nicht funktionierte, der sonst immer die Blutungen stillt. Schade, dass der Zahnarzt das erst nach der Weisheitszahn-OP herausgefunden hat. Das war vielleicht eine Sauerei. Manchmal denke ich mir: Wenn die Evolution wirklich so schlau ist, warum haben die Fische dann damals vor Millionen Jahren das Wasser verlassen und Zähne gekriegt?

MY LIFE IN A NUTSHELL

Folge 14

Du kannst sagen »Ich habe gelebt«,
wenn du ein Lieblingshotel hast

Mein Lieblingshotel ist das Taj Mahal in Neu Delhi. Wahrer Luxus zeigt sich schließlich immer auch im Kontrast zum allgemeinen Lebensstandard. Nicht, dass wir uns falsch verstehen. Mir schmeckt der Kaviar nicht unbedingt besser, wenn vor der Tür die Leute verhungern. Obwohl, wenn ich es mir recht überlege …

Es ist schon toll, wenn du durch eine Tür gehst, und schon bist du in einer anderen Welt. Wenn du eine Oase der Ruhe und Sauberkeit findest. Dafür zahle ich gerne vierhundert Dollar die Nacht, auch wenn das etwas mehr als das Jahresgehalt eines durchschnittlichen Inders ist.

Das tolle an indischen Luxushotels ist, dass es unglaublich viel Personal gibt. Zum Beispiel eine Person, die dir nach dem Händewaschen auf der Toilette das Handtuch reicht. Das ist eine prima Sache. Du stehst mit feuchten Händen da, und dann kommt der Handtuchreicher und reicht dir das Handtuch. Und bedankt sich auch noch dafür: »Thank you, Sir. Master, Sir.« Ich sage dann immer: »No problem, handker-chief.« Lustiges Wortspiel, oder?

Ein weiteres wichtiges Merkmal für wirklich gute Hotels ist die Musik auf der Toilette. Wundervolle, leichte Musik. Chill-out-Sound, der doch das Wesentliche nicht aus den Augen verliert. Würde mich nicht wundern, wenn es im Taj Mahal einen eigenen Toiletten-DJ gibt. Was sage ich:

ein eigenes Team von indischen Experten, die nach Feng-Shui-Kriterien den einzelnen Toiletten optimierte audio-visuelle Verdauungsuntermalung anbieten.

Obwohl ich das eigentlich nicht gebraucht hätte. Ich hatte in Indien sowieso immer Dünnschiss.

Du kannst sagen »Ich habe gelebt«,
wenn du dir selbst einen blasen kannst

Als das vielleicht wichtigste Buch seit der Bibel sehen wir uns gezwungen, auch das letzte Tabu unserer Gesellschaft zu thematisieren: Autofellatio. Liebe Scirocco-Fahrer, dabei handelt es sich nicht etwa um eine Pelzummantelung für den Autositz oder das Lenkrad, nein, Autofellatio ist der Fachbegriff für orale Selbstbeglückung. Eine repräsentative Umfrage im Freundeskreis hat ergeben, dass sich fast alle Jungs während der Pubertät zumindest einmal auf dem IKEA-Teppich ihres Kinderzimmers gewälzt haben in der Hoffnung, auf diesem Weg das eigene Genital zu erschnappen. Aufgrund physischer Schranken gelingt dies zumeist jedoch nicht. In diesem Zusammenhang ist auf das Gerücht zu verweisen, für Personen aus dem afroamerikanischen Raum wäre es eine kinderleichte Übung, sie müssten sich dafür kaum bücken.

Modell „Europa"   Modell „Afrika"

Du kannst sagen »Ich habe gelebt«, wenn du deine Versicherung beschissen hast

Die Geschichte geht so: Ein Mann liebt Zigarren. Richtig teure kubanische Zigarren. Stückpreis ab tausend Euro. Er lässt sie versichern gegen Diebstahl. Und gegen Feuer. Dann raucht er sie. Eine nach der anderen. Ganz gemütlich. Und dann ruft er seinen Versicherungsvertreter an und sagt: »Sorry, meine Zigarren sind abgebrannt.«

So einfach geht's nicht. Versicherungen bescheißen ist sehr schwierig. Du musst erst mal das Kleingedruckte im Vertrag lesen. Die Klauseln schließen so ziemlich jede Haftung aus. Nur wenn du tagsüber in einem abgeschlossenen Raum, an deine Gepäckstücke gekettet, bestohlen wirst, ohne was zu merken, bekommst du den Zeitwert deiner ungewaschenen Unterhosen ersetzt.

Du kannst sagen »Ich habe gelebt«, wenn du ein Wort für das Gegenteil von durstig gefunden hast

D ie deutsche Sprache ist eine armselige Sprache. Es gibt gerade mal ein paar Wörter für Schnee. Es gibt kein schönes Wort für das weibliche Geschlechtsorgan (außer vielleicht »Schmetterling«) und nur eine Handvoll Wörter mit der prima Endung »nf«. Und dann gibt es noch nicht einmal ein Wort für das Gegenteil von durstig. Außer vielleicht besoffen. Wobei man sturzbetrunken sein kann und immer noch durstig. Das ist ein schreckliches Loch in unser aller Wortschatz, das schleunigst geflickt gehört. Eigentlich ist man ja »voll«, wenn man genug getrunken hat. Lautmalerisch sehr gelungen ist »blubb«. Für die Freunde des Fremdworts kommt »hydriert« in Betracht. Auf das schöne Wort »liquidiert« könnte eine tolle Doppeldeutigkeit zukommen.

Aber es gibt noch eine viel schlimmere Lücke in unser aller Vokabular: Es fehlt ein Wort für das Gegenteil von »hinsichtlich der sofortigen Durchführung des Geschlechtsverkehrs positiv eingestellt sein«. Für die sexuell interessiert Gestimmten gibt es eine ganze Reihe von Wörtern: geil, lüstern, remselig, wollüstig, liebestoll. Aber was sagst du, wenn dir der Schwellkörper nicht schwellen will? Weder »frigide« noch »impotent« trifft das Gefühl, wenn man ausnahmsweise gerade heute Nacht mal keine Lust hat. »Abgefuckt« passt höchstens, wenn du nach der dritten Runde die weiße Fahne hisst. Viele Frauen haben für diesen Zustand das Wort »Kopfschmerzen« eingeführt. Auch wenn es wenig trennscharf ist. Ganz nett sind die Ausdrücke »mir ist pomadig« und »mir ist gerade so blümerant zumute«. Der Liebhaber von Fremdwörtern kann es mit »deserotifiziert« versuchen. Auch wenn manch eine Friseuse darunter verstehen könnte, dass dein Deo versagt hat. Wer es der Liebsten lieber charmant beibiegen möchte, kann von der »keuschen Phase« philosophieren oder auf einen Scham- beziehungsweise Tugendanfall plädieren. Obwohl – eigentlich gibt es ja doch schon ein tolles Wort: »Schatz, mir ist heute eher platonisch!«

Du kannst sagen »Ich habe gelebt«, wenn du den schönsten Sommer deines Lebens nie vergisst

Mein schönster Sommer endete zweiunddreißig Meter über Schwabing in einem Kranhäuschen, als die Sonne über dem Monopteros auftauchte wie ein goldener Toast. Von den Scheiben tropfte unser Schweiß. Sheila schrieb mir mit ihrem Finger ein Wort auf den Bauch: Glück.

Mein schönster Sommer dauerte nur achtundzwanzig Stunden. Aber ich will die Geschichte von Anfang an erzählen. Dritter Juli. Ein Samstag. Damals gab es eine Diskothek, in der harte Jungs zu harter Musik tanzten. Bekifft. Mit langen Haaren. Sehr fröhlich. Ich habe am Eingang meinen gefälschten Schülerausweis gezeigt und bin an die Bar, um mir ein Bier zu holen.

Das Mädchen, das mir das Bier brachte, hatte kurze braune Haare und riesige Augen. Sie war eine Gazelle. Schön, scheu und wild. Ich bestellte viele Biere an diesem Abend. Immer bei ihr. Bald bin ich auf Jägermeister umgestiegen, weil ich dann öfter bestellen konnte. Als der Laden zumachte, habe ich vor der Tür gewartet, bis sie kam. Es war halb fünf. Sie war nicht überrascht. Ich habe gesagt: »Lass uns in den Englischen Garten gehen.« Sie hat gesagt: »Warum nicht.«

Wir sind über den Zaun des Bootsverleihs gestiegen und haben uns ein Ruderboot ausgeliehen. Ich bin gerudert, sie

hat gelacht. Das Boot schaukelte, und wir blickten in den Sternenhimmel. Sie hat gefragt: »Was bist du für ein Sternzeichen?« Ich habe gesagt: »Esoterik ist der Schatten der Sterne auf den Hirnen der Mädchen.« Sie hat wieder gelacht und mir ihre Fingernägel in den Unterarm gebohrt. Es wurde hell. Wir hatten kein Geld. Wir haben am Seehaus einen Spüler aus Mocambique gefragt, ob er uns etwas zum Frühstücken besorgen könne. Er hat für uns eine Tüte Schleckereien vom Büfett geklaut. Wir haben auf einer Wiese gefrühstückt und Arm in Arm geschlafen. Bis nachmittags. Dann sind wir herumgelaufen. Ich weiß nicht mehr, was wir gemacht haben. Der Tag war ein einziger langer, zarter Kuss. Ich habe ihr einen Strauß Löwenzahn gepflückt. Sie hat mir arabische Lieder vorgesungen. Wir haben am Monopteros den Trommlern gelauscht und eine Erdpfeife geraucht. Irgendwann waren wir in der Ohmstraße. Sie hat gesagt: »Schau mal, da steht ein Kran.«
Ich habe Sheila nie wieder gesehen. Sie ist mit ihrem Vater in den Iran zurückgekehrt. Nach Monaten habe ich eine Karte gekommen. Auf dem Bild war der Baum von Mehoran. Die Legende sagt, Mohammed habe diesen Baum vor Jahrtausenden umarmt und gesagt: »Du bist mein Freund, du wirst niemals sterben.« Auf der Rückseite der Karte stand nur ein Wort: Glück.

Du kannst sagen »Ich habe gelebt«,
wenn du schlagfertig bist

Es gibt einen Film, da sagt der eine Indianer zum anderen: »Ich möchte gerne das Kriegsbeil begraben. Und zwar zwischen deinen Augen.« Das finde ich schon eine ziemlich coole Ansage. So unter Indianern. Letzthin ging ich in der U-Bahn an einer Gruppe Prolljungs vorbei, sagt einer: »Du kannst mir mal den Schritt shampoonieren.« Netter Spruch, dachte ich. Bei mir ist es ja immer so, dass mir coole Sprüche erst zwei Tage später einfallen. Da werde ich unglaublich ungerecht behandelt. Jemand sagt: »Hau mal ab mit deiner Scheißkiste.« Obwohl ich Vorfahrt habe. Ich bin so verdutzt, dass mir keinerlei Erwiderung einfällt außer »Äh« und blöd schauen. Zwei Tage später wache ich dann auf, und mir fällt eine coole Antwort ein. So etwas wie: »Ey, langsam reiten, Cowboy, sonst kannst du deine Zähne mit gebrochenen Fingern aufheben.« Dann fühle ich mich mal kurz wie Klaus Kinski und träume davon, wie ich einen Revolver gezogen habe und mich der Mercedesfahrer winselnd um Gnade anbettelt. Wie ich ihn die Scheinwerfer meines Wagens ablecken lasse. Wie ich ihm trotzdem ins Knie schieße, damit er sich die Lektion auch merkt. Da bin ich dann manchmal ganz froh, dass ich nicht so schlagfertig bin.

Du kannst sagen »Ich habe gelebt«, wenn du etwas Besseres zu tun hast, als fernzusehen

Spätestens wenn du alle Folgen von *Al Bundy* zum zweiten Mal gesehen hast, sollte dir klar werden, dass du nun leider gezwungen bist, dir ein neues Hobby zu suchen. Unsere eigene Erfahrung hat gezeigt, dass du nach sechs Jahren intensiven Fernsehkonsums alles gesehen hast. Wirklich alles. Selbst die Autorenfilme auf 3Sat und Arte. Gibt es eigentlich einen Fernsehsender in Deutschland, der die *Bill Cosby Show* noch nicht im Programm hatte? Die lief sogar mal im ZDF.

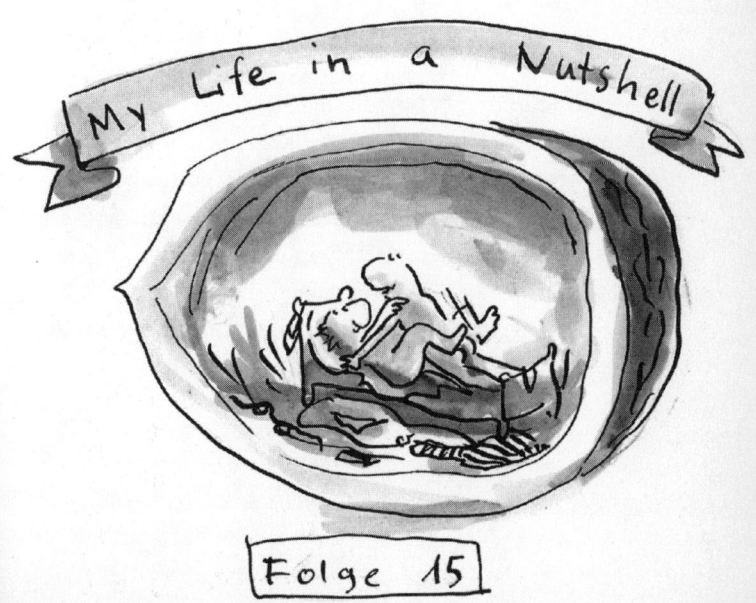

My Life in a Nutshell

Folge 15

Du kannst sagen »Ich habe gelebt«, wenn du geflogen bist

Das Tolle und wirklich völlig Unglaubliche an einem Flugzeug ist, dass es fliegen kann. Und dass die Menschen darin plötzlich Tomatensaft trinken. Der Traum vom Fliegen. Er ist so alt wie die Erdnüsse bei LTU. Der Start ist ein wundervolles Ereignis. Diese Beschleunigung. Wenn dir plötzlich die Ohren zugehen und die Nasenschleimhäute eintrocknen. Wow. Nach einiger Zeit meldet sich aus dem Cockpit eine Person, die einen ziemlich desorientierten und angetrunkenen Eindruck macht. Das ist der Kapitän. Und dann bestellst du dir auch schon den ersten Whiskey und rechnest im Kopf durch, wie viele Meilen du gesammelt hast. Und dann spuckt dich das Ungetüm schon wieder irgendwo aus.

Man kann sich kaum vorstellen, wie sich die Brüder Wright das erste Mal in die Luft gewagt haben. Im selbstgebauten Fluggerät. So ganz ohne Stewardessen. Wie sie zum ersten Mal die Erdanziehung überwunden haben. Wie die Gravitation besiegt war. Die ersten Menschen, die wie Vögel fliegen konnten. Ein paar Jahrhunderte später kam die Invasion auf Mallorca. Das war nicht so schön. Aber sonst ist Fliegen echt prima.

Du kannst sagen »Ich habe gelebt«,
wenn du den Kater besiegt hast

D er Wecker klingelt. Sechzig Minuten lang. Dann geht er endlich wieder aus. Es riecht nach Verwestem. Als ob unter deinem Bett seit einigen Jahren ein toter Hund verfault. Dabei atmest du nur an die Wand. Mit dem morgendlichen Raucherhusten wandert ein Lungenhering in den Mund. Dein Magen brennt. Du bist durstig. Und musst gleichzeitig tierisch pissen. Aber du kannst dich nicht bewegen. Die ersten Stunden ernährst du dich vom Belag auf deiner Zunge. Doch irgendwann musst du aufstehen. Du kämpfst dich hoch. Dir schwindelt. Aber du schaffst es.
Endlich stehst du vor dem Spiegel. Du siehst aus wie Kabul im Winter. Grau. Bombenkrater unter den Augen. Schützengräben um die Mundwinkel. Verwüstete Frisur. Eiterminen in den Poren. Sechsunddreißig Jahre Bürgerkrieg.

Du kannst sagen »Ich habe gelebt«, wenn du im Ferienlager warst

Es ist neun Uhr. Die Betreuer gehen durch die Gänge und rufen: »Bettruhe«. Alle in den Zimmern müssen das Licht ausmachen. Der dicke Peter klettert über dir ins Stockbett. Du hast Angst, dass das Gestell auf dich herabstürzt. Das ganze Zimmer stinkt nach den Socken von Dirk. Felix furzt. Alle lachen.

Die Betreuer machen ihren letzten Kontrollgang. Die Tür geht kurz auf. Euer Licht ist aus. Alle im Zimmer schnarchen. Die Tür geht leise wieder zu.

Peter macht das Licht wieder an. Christian holt den Kasten Bier aus dem Bad. Erst einmal in Ruhe eine Runde Poker spielen. Um zwölf kommen die Mädchen. Dann sehen wir weiter.

Du kannst sagen »Ich habe gelebt«,
wenn du dich selbst befriedigt hast

Selbstbefriedigung ist gut, da ist wenigstens jemand in der Nähe, den man liebt. Und das ist beim Sex oft nicht der Fall. Zumindest in der Ehe. Es ist in Männerkreisen nahezu unbestritten, dass der Aufwand, der für die Anbahnung und Abwicklung von Sex aufgewendet wird, in keinem Verhältnis zu dem kurzen Jucken im Unterleib steht, das von Sexualwissenschaftlern Orgasmus genannt wird. Wie schön ist es hingegen, sich mit einem Taschentuch und anregender Lektüre bewaffnet zu einem »Tête-à-tête entre moi« zurückzuziehen, wie der wichsende Franzose sagt. Die Phantasie des Mannes ist nur schwer zu beflügeln, weshalb die Generation Golf ihre schönsten Momente beim Betrachten der Unterleiber osteuropäischer Frauen in billigen Heftchen verbrachte. Die Generation Internet hat es da schon einfacher. Da muss sich keiner mit geschwärztem Schambereich und bärtigen Frauen abgeben. Sie können auf Knopfdruck Milliarden kostenlose Nacktfotos runterladen. Dabei gibt es nichts, was es nicht gibt. Schwangere Chinesinnen, magersüchtige Indianerinnen, Palästinenserinnen im Rollstuhl. Frauen, die sich gerne von sieben Männern gleichzeitig begatten und anpinkeln lassen. Frauen, die sich Nagetiere rektal injizieren, und Seniorinnen auf ihrem letzten Ritt. Nur: Was passiert daheim im Ehebett? Missionarsstellung. Einmal im Monat von hinten. Kein Wunder, dass der moderne Mann seine spannendsten Abenteuer mit dem Piephahn in der eigenen Hand erlebt.

Du kannst sagen »Ich habe gelebt«, *wenn du eine alte Rostkiste gefahren bist*

Wer kann sich schon noch an seine erste Frau erinnern? Irgendeine Blonde oder Brünette. Ein blasser Schatten im Gedächtnis. Ganz anders dagegen: dein erstes Auto, das wunderbare Wesen. Dein Käfer, deine Ente oder dein Fiat Panda. Nur noch acht Monate TÜV. Die Beifahrertür ging nicht mehr auf. Der Auspuff klang wie ein Maschinengewehr. Unten klodeckelgroße Rostlöcher. Angesprungen ist es nur bei gutem Wetter. Die Innenbeleuchtung hatte bereits sechs Jahre zuvor den Geist aufgegeben, der Tacho ist bei Kilometer 187 000 festgebacken. Jahrelang hast du kein einziges Mal aufgeräumt.

Es war eine wunderbare Beziehung. Es hat dich nie im Stich gelassen (na gut, einmal auf der Autobahn). Es hat dich auch heimgebracht, wenn du echt betrunken warst. Ihr hattet überhaupt eine wunderbare Zeit: Die wundervolle Rückbank. Die Reise durch Italien. Welch Schmerz, als der TÜV euch trennte!

Den Schlüssel hast du dir vorsichtshalber aufgehoben. Im Himmel gibt es schließlich keinen Rost.

Du kannst sagen »Ich habe gelebt«,
wenn du Grenzerfahrungen gemacht hast

M anche Menschen suchen Grenzerfahrungen. Zu dieser Gruppe gehören vor allem Extremsportler. Also Leute, die sich von Kränen stürzen, Steilhänge herunterradeln oder ohne Sauerstoffgerät hundert Meter tief tauchen. Danach erzählen sie gerne vom »ultimativen Kick«, was ziemlich verwandt sein soll mit dem Gefühl eines Orgasmus. Viele Leute sagen: Da muss ich mich doch nicht vom Kran stürzen, um einen Orgasmus zu bekommen. Da kann ich mir doch auch zu Hause einen runterholen. Da haben sie natürlich nicht ganz unrecht.

Du kannst sagen »Ich habe gelebt«, wenn du dir ohne Geld einen schönen Tag machen kannst

Wenn du deine EC-Karte in den Geldautomaten schiebst, deine Geheimnummer eintippst, auf »Auszahlung« und »50 Euro« drückst, und der Automat schreibt: »Bitte kontaktieren Sie Ihren Kundenberater«, dann weißt du, es sieht schlecht aus. Dispo bis zum Erbrechen überzogen. Und es ist erst der Vierzehnte des Monats.

Der Kundenberater empfängt dich mit Widerwillen. Er trägt eine schrille Krawatte und ein Gesicht wie ein Feuerlöscher. Er hackt etwas in den Computer, schaut auf den Bildschirm, schleimt, räuspert sich, schüttelt den Kopf: Sämtliche Kreditlinien sind ausgereizt. Du bist bis zur Organspende verschuldet.

Du sagst: »Ich bin seit zwanzig Jahren bei dieser Bank. Ich arbeite achtzig Stunden die Woche. Meine Frau ist schwanger. Mein Vater ein Pflegefall. Mein Kind ist krank. Bitte geben Sie mir ein bisschen Geld zum Überleben.« Der Sachbearbeiter sagt: »Ich kann leider nichts für Sie tun. Mir sind die Hände gebunden.«

Scheiß drauf. Lass dich nicht unterkriegen. Es gibt so viele tolle Sachen, die du ohne Geld machen kannst: Joggen. Spazierengehen. Schaufensterbummel. Zum Arzt gehen. Beim Tierpark über den Zaun schauen. Papierflieger bauen und vom Balkon werfen. Bei den kostenlosen 0800-Kundenhotlines für Zahnpasta und Kartoffelbrei anrufen und dich beraten lassen. In der Bücherei den ganzen Tag schmökern. Schwarzfahren. Ins Kaufhaus gehen und Frauen ansprechen. Dich zum Essen einladen lassen. Vom Lottogewinn träumen. Auf einen Berg steigen und den Sonnenuntergang anschauen. Wichsen. Dich treiben lassen.

MY LIFE IN A NUTSHELL

Folge 16

Du kannst sagen »Ich habe gelebt«,
wenn du mit deinem Namen zufrieden bist

Der Herrscher über Brunei heißt: Sultan Hassanal Bolkiah Mu'izzaddin Waddaulah Ibn al-Marhun Sultan Hatschi Omar Ali Saifuddien Sa'adul Khairi Waddien. Keine Frage: Das kommt cooler als Oliver Kuhn.

Namen machen Leute. Der Actionstar Charles Bronson hieß Charles Buchinski. Weil ein russischer Name ziemlich unschön ist für einen US-Patrioten, der den halben Ostblock niedermetzelt, hat er den Namen Bronson angenommen. Brigitte Bardot wurde als Camille Javal geboren. Klaus Steng ging noch weiter und nannte sich nach seiner Mutter Maria Brandauer. Mein Lieblingskünstlername ist Marlen Charell. Die Frau heißt in Wirklichkeit Angela Mips und kommt aus Winsen an der Luhe.

Ich glaube, es geht schon mit dem Vornamen los. Was denken sich nur Eltern, die ihren Kindern ein Detlef, Rüdiger, Ludger, Elke oder Erika mit auf den Weg geben? Da kannst du doch die Karriere knicken. Na ja, Uwe Ochsenknecht hat es auch geschafft. Und Dieter Bohlen. Ein blöder Name allein ist nicht der Killer. Schlimmer ist ein Allerweltsname. Wie Oliver. In meiner Schulklasse gab es zeitweise fünf Olivers. Einer blöder als der andere. Irgendein Trottel heißt immer Oliver. Im Zweifel Oliver Kahn. Und dann heiß ich auch noch Kuhn. Urgroßopi war wohl Kuhhüter. Na ja, immer noch besser als Ochsenknecht.

Du kannst sagen »Ich habe gelebt«, *wenn du die Pyramiden von Gizeh gesehen hast*

Boah. Was müssen die Pharaonen damals für gute Chefs gewesen sein! Da haben ein paar tausend Leute ihr Leben lang geschuftet, damit der Herr Pharao grabmäßig jahrtausendelang einen auf dicke Hose machen kann. Da stellen sich dem sensiblen Besucher natürlich eine Reihe Fragen. Hätte es nicht auch ein kleiner Grabstein getan? Kann man das überhaupt noch richtig genießen, wenn man tot ist? Darf man diese antike Form des Machismo unterstützen, indem man extra nach Ägypten fährt? Solidarisiert sich der Tourist nicht sogar mit der Ausbeutung, wenn er über die Pyramiden staunt? Andererseits: Was wäre dabei rausgekommen, wenn sie damals die Gewerkschaft eingeschaltet hätten? Eine Bauruine?

Du kannst sagen »Ich habe gelebt«,
wenn du Bergsteigen warst

Es gibt elegantere Arten, aus dem Leben zu scheiden, als beim Wandern in den Bergen kurz an den Wegesrand zu treten, sich zu erleichtern und »Aaaaaahhhhh-hhhhhh!« fünfzig Meter unterhalb des Weges mit runtergelassenen Hosen aufzuschlagen. Wie sieht das denn aus? Trotz der hohen Sterblichkeitsrate beim Wasserlassen lohnt sich das Bergwandern, und jeder sollte es einmal in seinem Leben aus eigener Kraft auf einen Gipfel geschafft haben. Wohlgemerkt aus eigener Kraft und nicht diese linke Mount-Everest-Masche, bei der du einfach ein paar halbverhungerte Nepalesen-Sherpas das schwere Gepäck schleppen lässt. Das hat der liebe Gott nicht gemeint, als er bemerkte: »Einer trage des anderen Last.« Denn nur wenn's richtig anstrengend ist, stellen sich die gewünschten Lerneffekte ein, die das Bergebesteigen zu einer elementaren Lebenserfahrung werden lassen. Richtig anstrengend ist es dann, wenn nervtötende Jammerlappen keine Puste mehr haben, um zu fragen, ob es noch weit sei. Noch besser ist, die Jammerlappen haben Angst zu fragen, ob es noch weit sei. Die Antwort könnte schließlich kurz, knapp und fröhlich »Ja!« lauten.
Wenn Lektion 1: »Jammern bringt mich keinen Schritt voran« so weit zementiert worden ist, muss der Ex-Wehleidende lernen, was ihn vorwärts bringt. Lektion 2 wartet

mit der für viele erschreckenden Erkenntnis auf: »Die eigenen Füße.« Hat der Mensch das angesichts der bewältigten Wegstrecken endlich begriffen, dauert es nur noch zwei, drei Tage Berge rauf und Berge runter, und fertig ist der neue Mensch. Unterwegs hattest du nämlich massig Zeit nachzudenken. Das Grausamste an dieser Lass-uns-auf-einen-Berg-steigen-Nummer ist nämlich die Ewigkeit, die du mit dir allein beim Nachdenken verbringst.

Was solltest du schnaufend, stundenlang einen Fuß vor den anderen setzend, auch sonst tun, außer nachdenken? So sehr du dich auch anstrengst, du kommst nicht drum herum. Auf die eine oder andere Art und Weise näherst du dich letztlich irgendwie dem, was der Kollege Douglas Adams uns Menschen als Gottes letzte Botschaft hinterließ und was die Frage nach dem Sinn des Lebens, dem Universum und dem ganzen Rest beantworten soll: »WIR ENTSCHULDIGEN UNS FÜR DIE STRAPAZEN.«

Der erste Bergsteiger

Du kannst sagen »Ich habe gelebt«, wenn du deinen ersten leckeren Wein getrunken hast

Wir möchten an dieser Stelle mit einem Missverständnis aufräumen. Es nützt nichts, sein Leben lang keinen Wein getrunken zu haben, in einen Laden zu gehen, sich eine Flasche für zweihundertfünfzig Euro zu kaufen und zu denken: So, heute gibt es mal einen guten Wein. Das endet unweigerlich mit einer Katastrophe. Denn egal, wie gut die ersten Tropfen Wein sind, die man in seinem Leben trinkt, er trocknet die Zunge aus und hinterlässt einen mürben dunklen Geschmack. Die ersten paar Dutzend Weinflaschen sind bitteres Lehrgeld, das du zahlen musst. Das geht eine ganze Weile so. Bis zu der einen Flasche, der Flasche, bei der du alles begreifst. Es passiert einfach. Du machst den Wein auf, und mit einem Mal bist du hellwach. Deine Nase, deine Augen, die Zunge. Und du bist dort angekommen, wo du schon immer hinwolltest. Es ist wie eine Frau zu erblicken und sofort zu wissen, dass du von ihr mehr willst als nur Sex. Diesen einen Wein wirst du nicht nur trinken, du wirst ihn genießen. Von da an wird das mit den Weinen leichter. Egal, ob einer nach Heidelbeere oder scharf gerittenem Damensattel schmeckt. Viele dieser zukünftigen Weine werden dir eine große Freude sein, aber diese eine erste Flasche, die vergisst du nie. 1993 Côtes de Nuits Villages, Philippe de Maranges. Danke.

Du kannst sagen »Ich habe gelebt«, wenn du so viel essen kannst, bis du platzt

In Amarillo, Texas, steht dieses Restaurant. Das Big Texan Steak Ranch and Opry. Und in diesem Restaurant steht ein Tisch. Er steht höher als all die anderen Tische, auf einer Art Podest. Es ist kein großer Tisch. Eine Person hat bequem Platz auf der Bühne. Denn dieser Tisch ist eine Bühne. Das Stück, das auf dieser Bühne präsentiert wird, heißt »Das Zweiundsiebzig-Unzen-Steak.« Für alle, die es nicht wissen: Eine Unze sind etwa dreißig Gramm. Zweiundsiebzig Unzen sind 2,16 Kilogramm. Es ist ein richtig großes Steak. Quasi eine Kuh ohne Ohren. Das besondere an dem Zweiundsiebzig-Unzen-Steak ist, dass um dieses Steak gewettet wird. Schaffst du es in einer Stunde, gehst du als gefeierter Mann aus dem Restaurant und brauchst nicht zu zahlen. Fünfunddreißigtausend Leute haben es schon versucht. Fünftausendfünfhundert haben es geschafft. Es sind zwei Kilogramm Fleisch und ein paar Beilagen. Kartoffeln, Gemüse, Shrimpscocktail und kleiner Salat. Das klingt nach einer ganzen Menge. Aber machbar. Oder? Wir würden es jedenfalls wagen.

Du kannst sagen »Ich habe gelebt«, *wenn du nach der dritten Million aufhörst zu arbeiten*

Also eine Million Euro ist ganz schön schnell alle. Das sehen wir ein. Bei zwei Millionen fängt es langsam an gemütlich zu werden. Bei drei ist eigentlich alles klar. Konservativ angelegt, gibt das monatlich genügend Asche, um einen fröhlichen Lebensabend zu verbringen. Eigentlich.

Warum aber, um alles in der Welt, können die Leute nicht aufhören? Bill Gates zum Beispiel. Was ist das für ein Leben? Kein Mensch kann Microsoft leiden. Keins der Programme funktioniert vernünftig. Ein Kurssturz an der Börse, und Bill ist über Nacht um vierzehn Milliarden Dollar ärmer. Warum tut er sich das an? Für uns stellt sich an dieser Stelle die berühmte Schnitzel- und die noch berühmtere Hosenfrage. Wie viele Schnitzel kann ein Mensch an einem Tag essen? Wie viele Hosen kann er auf einmal tragen? Schnitzel können wir sicherlich das eine oder andere pro Tag verdrücken. Aber Hosen? Alles klar, Bill?

Bill Gates' Schnitzel

Du kannst sagen »Ich habe gelebt«, wenn du den puren Luxus erlebt hast

Nastassja Kinski als Gattin, Liv Tyler als Geliebte, Tennisspielen mit Anna Kournikova. Eine ordentliche Villa am Meer, eine Yacht, ein Flugzeug. Mit Julia Roberts knutschen. Ein Dutzend italienische Sportwagen, zwanzig Hausangestellte, eine Insel. Von Angelina Jolie oral verwöhnt werden. Golfplatz, Helikopter, Privatstrand. Einmal Gisele Bündchen abblitzen lassen. Mehr Luxus braucht kein Mann.

Du kannst sagen »Ich habe gelebt«, wenn du in der Natur ohne Technik überleben kannst

In der Natur ist der Mensch total aufgeschmissen. Er braucht ewig, um Feuer zu machen, kann nicht fliegen, sieht nichts in der Nacht und stellt sich in freier Wildbahn zu allem Überfluss schlicht unfähig an. Würde man tausend Menschen in einem großen Wald ihrem Schicksal überlassen, würden die ersten hundert ziemlich schnell sterben, weil die anderen neunhundert glauben, dass ein Menschenopfer die Götter schon gnädig stimmen wird. Die nächsten zweihunderteinundneunzig Leute sterben an einem Pilzeintopf.

»Bist du sicher, dass die nicht giftig sind?«

»Keine Ahnung. Riech doch mal dran.«

»Mmmh. Also, ich finde, der riecht gut.«

»Ja, stimmt. Und er sieht auch nicht giftig aus.«

»Lecker.«

Hundertachtundsiebzig Leute werden friedlich in ihrem Moosbett schlummernd von Bären angefallen und gefressen. Weitere vierundsiebzig Menschen verlieren ihr Leben, weil sie aus Angst vor den Bären zum Schlafen auf Bäume klettern und in der Nacht abstürzen. Sieben treten in Hungerstreik, weil sie das Verhalten der Gruppe total asozial finden, und ziehen die Sache bis zum Schluss durch. Fünfundfünfzig kommen nie wieder vom Feuerholzsammeln zurück. Sechsundvierzig flippen aus, nachdem sie festgestellt haben, dass sie fünf Tage im Kreis gelaufen sind. Achtzehn ertrinken beim Überqueren eines Flusses. Vier werden von Außerirdischen entführt. Einer muss vorgehen, um zu sehen, ob das Überqueren der Schlucht auf dieser alten, wackeligen Hängebrücke ungefährlich ist. Hundertdreiunddreißig versuchen es doch noch einmal mit Pilzen. Sechsundneunzig werden ausgelost und von den anderen gegessen. Der letzte irrt noch jahrelang umher, perfektioniert in dieser Zeit seine Fähigkeit, in der Natur zu überleben, findet aber einfach nicht den richtigen Weg raus aus dem Wald.

Du kannst sagen »Ich habe gelebt«, wenn du die größten Abenteuer im Kino erlebt hast

Würdest du es dir zutrauen, eine Atombombe zu entschärfen? Wir uns schon. Einfach einen der Drähte durchschneiden, die neben dem faustgroßen Display liegen, das dir anzeigt, wann genau die Bombe zu explodieren gedenkt. Das kann wirklich jeder. Wir können auch Flugzeuge landen, wenn uns jemand aus dem Tower per Funk sagt, was wir zu tun haben. Ein Kinderspiel. In der Kinorealität fühlen wir uns wie zu Hause.

Ein typischer Tag eines amerikanischen Superpolizisten sieht in etwa so aus: Du stehst morgens auf, deine Frau hat Unmengen Eier, Schinken und Toast zum Frühstück gemacht, aber weder du noch deine Kinder haben Zeit, etwas zu essen, weil ihr wieder viel zu spät dran seid. Du steigst in deinen Wagen und merkst rasch: Verdammt! Jemand war so fies und hat die Bremsschläuche durchgeschnitten. Natürlich steht dein Haus auf einem Berg, und du musst nun mit Affenzahn die kurvenreichen Serpentinen herunterrasen. Schließlich versperrt dir eine Baustelle den Weg. Du hechtest im letzten Moment aus dem Auto. Der Wagen rollt weiter, prallt auf eines der Baufahrzeuge und explodiert sofort. In der Arbeit angekommen, wirst du zu deinem Chef gerufen, der dich suspendiert und von deinem Fall abzieht. Warum? Keine Ahnung. Das hindert dich aber nicht daran, deine Ermittlungen weiterzuführen. Als erstes rufst du daher deinen Freund von der Verkehrspolizei an, der dir noch einen Gefallen schuldet, und bittest ihn, für dich eine Autonummer zu überprüfen. Er jammert ein bisschen rum, das sei illegal und könne ihn seine Pension kosten, und gibt dir die Information. Der Wagen gehört einem Typen, der eine Firma hat, und die Firma hat ein Lagerhaus im Hafen an Pier 17 gemietet. Dort fährst du hin, schaust aber auf dem Weg noch kurz auf ein Bier in einem Striplokal vorbei. Plötzlich ruft dich deine Frau an, wo du denn bleibst, ihr wärt doch heute bei den Johnsons zum Essen verabredet. Du hast es total vergessen und erklärst, dass dir was dazwischengekommen ist. Genau wie morgens dein Wagen explodiert nun deine Frau und sagt, dass es aus ist. Diesmal endgültig. Völlig entnervt kommst du am Pier an. Vor dem Lagerhaus schlägst du den Wachmann mit einem Schlag auf den Hinterkopf bewusstlos. Er sackt geräuschlos zu Boden, und du kannst in das Lagerhaus. Zufällig sind gerade alle Gangster anwesend und erklären sich noch einmal ihren Plan. So erfährst du alles über ihre Schurkerei. Leider bist du ein wenig unachtsam und trittst gegen eine der Blechtonnen, hinter denen du dich versteckt hast. Sofort schauen alle Gangster höchst alarmiert in deine Richtung. Einer kommt mit gezogener Maschinenpistole auf dich zu. Aber ach! Da kommt eine Katze zwischen den Tonnen hervorgelaufen. Sofort sind die Gangster beruhigt. Superpolizist, der du bist, entscheidest du dich in dieser Situation für einen Bluff, kommst aus deinem Versteck hervor und behauptest, dass das Lagerhaus umstellt sei und alle die Waffen fallen lassen sollen, wenn ihnen ihr Leben lieb ist. Mist, denken sich die Gangster, und werfen ihre Waffen weg. In diesem Moment hält dir der Wachmann, gerade noch rechtzeitig aus der Ohnmacht erwacht, seine Knarre an den Hals. Jetzt sitzt du in der Klemme. Nein, von Ferne ertönen Polizeisirenen. Den kurzen unkonzentrierten Moment nutzt du zur Flucht hinter die Blechtonnen. Woher aber kommen plötzlich die anderen Polizisten? Klar, deine Polizeifreunde hatten so eine Ahnung, dass du die Finger nicht von deinem Fall lassen würdest, und sind dir deshalb die ganze Zeit gefolgt. Was wäre ein Superpolizist ohne seine Kollegen? Tot. Es folgt eine wilde Schießerei in der Lagerhalle, die damit endet, dass du den Obergangster allein durch ein Gewirr aus Kisten und Blechtonnen verfolgst. Die Lichter in der Lagerhalle sind so positioniert, dass du dich an keinem Ort aufhalten kannst, ohne dass dich dein Schatten verrät. Der Obergangster schießt dir ins Bein, du verlierst deine Pistole und bist echt fertig. Es gibt keinen Ausweg mehr. Um dich zu erschießen, stellt sich der Obergangster genau unter einen Kran, der in der Lagerhalle ist. Die Fernbedienung hängt neben dir von der Decke. Gerade als der Obergangster abdrücken will, schnappst du dir die Fernbedienung, drückst den Knopf, der das Fünftausend-Tonnen-Gewicht vom Kran runterfallen lässt, und erschlägst so den Fiesling. Du kaufst ein paar Rosen und bringst das mit deiner Alten wieder in Ordnung.

Du kannst sagen »Ich habe gelebt«, wenn du dir eine Glatze rasiert hast

D er Moment, in dem du dir eine Glatze rasierst, ist schrecklich. Du konntest ja nicht ahnen, dass dein Kopf so aussieht. Wenn du dann jedoch das erste Mal spürst, wie der Wind über deine nackte Kopfhaut streicht, bist du mit deiner Glatze versöhnt. Glatt gebohnert muss sie sein. Glänzen. Gingst du bislang überall als Einfaltspinsel durch, brauchst du dir jetzt nur eine Brille mit salamidickem Gestell aufzusetzen, und alle halten dich für intellektuell und bewundern deine Ausstrahlung. Du wirst befördert. Die Frauen liegen dir zu Füßen. Das Leben ist schön. Irgendwann lässt du die Haare dann aber wieder wachsen. Denn, mal ehrlich, wer möchte schon sein Leben lang aussehen wie ein Riesenpimmel.

Du kannst sagen »Ich habe gelebt«,
wenn du ein Geheimnis für dich behältst

Es ist unfair, wenn du ein Geheimnis für dich behalten musst, obwohl du sprechen kannst. Uns wäre es am liebsten, wenn wir Geheimnisse, die uns anvertraut werden, sofort wieder vergessen. Wir hätten aber auch gern, dass wir von den Drinks, die wir den Tag über in uns hineinschütten, nicht betrunken werden oder Leberschäden davontragen.

Geheimnisse jucken. Und zwar tierisch. Jeder, dem einmal ein Geheimnis erzählt wurde, kennt das. Das blöde Gefühl: »Dieses Jucken hört erst wieder auf, wenn du das Geheimnis jemand anderem weitererzählst.« Das geht aber nicht so leicht, denn in der Regel sind es nur die besten Freunde, die einem ihre Geheimnisse anvertrauen. Natürlich nicht, ohne dich vorher beim Leben deiner Mutter schwören zu lassen, dass du es niemandem, wirklich niemandem weitersagst. Aber das Geheimnis juckt. Schlimmer als Mückenstiche. Das Verlangen, dich zu kratzen, wird immer unerträglicher. Tu es nicht. Du würdest einen Freund verraten. Schütte statt dessen lieber Unmengen Drinks in dich hinein und trinke dich um den Verstand. Anders lässt sich die Amnesie ja nicht herbeiführen. Was sind das eigentlich für Freunde, die einem so etwas antun?

Du kannst sagen »ich habe gelebt«, wenn du Wettkönig bei WETTEN DASS ... geworden bist

Du kannst mit deinen Schamhaaren eine Lokomotive ziehen? Mit einem Gabelstapler einen Pullover in drei Minuten stricken? Schneller als Mika Häkkinen auf einem Dreirad eine Runde auf dem Nürburgring drehen? Deiner Karriere als Star bei *Wetten dass ...* steht nichts mehr im Wege. Schade nur, dass am nächsten Tag wieder alle nur davon reden, wem Thomas Gottschalk ins Dekolleté geschaut hat.

Du kannst sagen »Ich habe gelebt«, wenn du eine Diplomarbeit geschrieben hast

Am späten Abend, du willst gerade das Haus verlassen, um zu einer Party zu gehen, fällt es dir siedendheiß ein: Morgen musst du deine Diplomarbeit abgeben, und du hast noch keine einzige Seite geschrieben. Höchste Zeit also, dass du dir Gedanken darüber machst. Nach der Party.

Am nächsten Morgen suchst du das Prüfungsamt auf und beantragst eine Verlängerung der Abgabefrist. Wegen schwerer Krankheit. Zwei Monate Galgenfrist. Jetzt aber ran. In der Bibliothek sind alle Bücher ausgeliehen. Da hilft nur noch die Phrasendreschmaschine. Sätze wie: »Untersucht man die ambivalente Diskrepanz des Johnschen Theorems, lässt sich zweifelsfrei die substanzielle Dinghaftigkeit der theoretischen Grundlagenmodelle in ihrer Validität hinterbringen« passen zu jedem Thema und müssen in jede Diplomarbeit. Sind achtzig Seiten damit vollgesülzt, brauchst du dir nur noch Bücher für die Literaturliste auszudenken und ein paar echte Zitate in der Einleitung einbauen. Und nun viel Spaß mit deinem Diplom.

Du kannst sagen »Ich habe gelebt«, wenn du trotz allem leben willst

Es gibt Momente im Leben, da ist es dir ziemlich egal, wie es weitergeht. Nach dem Essen, einem Tausendmeterlauf oder nachdem du mehrere Stunden auf der Folterbank eines südtongalesischen Gefängnisses zugebracht hast. Als du acht Jahre alt warst, hat Mutti dir verboten, James Bond im Fernsehen zu schauen? Süßer waren keine Selbstmordgedanken als an jenem Abend im Bett. Ha, was würden die alle an deinem Grab heulen. Noch schlimmer war es nur, als du mit dreizehn vor der ganzen Klasse mutig vom Zehnmeterturm einen Kopfsprung gemacht hast, voller Stolz aus dem Becken gestiegen bist und die Menge tobte, jubelte, klatschte. Deine Kumpels schrien deinen Namen, und alle Mädchen schauten dich mit großen Augen an, weil du keine Badehose mehr anhattest. Dann mit fünfundzwanzig. Deine Freundin hatte seit Monaten schon Karten fürs Eros-Ramazotti-Konzert gekauft, und plötzlich spielt Deutschland zeitgleich bei der WM.

Die Kunst, keine Angst vor dem Sterben zu haben, besteht ganz einfach darin, die Momente, in denen es dir ziemlich egal ist, wie es weitergeht, in deinem Leben zu häufen. Und falls es das Leben gut mit dir meint, schenkt es dir einen Haufen solcher Momente: nach dem Sex.

Du kannst sagen »Ich habe gelebt«, wenn du mal mit einem guten Freund zusammen gearbeitet hast

Es dauert zwei Wochen, bis ihr anfangt zu streiten. Du konntest ja nicht wissen, was für ein totaler Idiot dein Freund ist. Beim Biertrinken, In-Clubs-Abhängen, beim Fußballgucken, im Kino und beim Rumlümmeln im Park hat er sich schließlich auch nicht wie ein totaler Idiot angestellt.

Nach zwei Wochen Arbeit sieht dein Freund das übrigens ganz ähnlich. Nur andersrum.

Du kannst sagen »Ich habe gelebt«,
wenn du ein Buch geschrieben hast

Nahezu sämtliche Leser werden sich nach der Lektüre dieses Werkes völlig zu Recht denken: »Diesen Scheiß hätte ich auch schreiben können.« Irgendwelche an den Haaren herbeigezogenen Gründe zum selbsterfundenen Terminus »Ich habe gelebt« zusammensülzen und lieblos in nur drei Wochen auf über zweihundert Seiten ausbreiten. Das Ganze in einer unfertigen, von Rechtschreibfehlern strotzenden Fassung dem Lektor schicken und dafür vom Verlag hunderttausend Euro Vorschuss kassieren. Plus Gewinnbeteiligung. Da kann ich nur sagen: Hättet ihr es doch gemacht, ihr Pfeifen.

Es gibt nahezu keinen Deutschen, der nicht irgendwann mal ein Buch geschrieben hat. Kistenweise Romane tragen die Postboten in die deutschen Verlage. Zur Zeit handelt es sich dabei zumeist um Pop(p)-Literatur. Da fickt ein junger Mann oder eine junge Frau eine Schneise durch eine deutsche Großstadt (meist Berlin), nimmt Drogen, besucht allerlei angesagte Clubs und kommentiert nebenbei noch die aktuelle Schuhmode. Das Ganze wird mit den persönlichen Problemchen der Autoren oder Autorinnen vermischt und soll an Benjamin von Stuckrad-Barres Erfolge anknüpfen. Lehrer schreiben achthundertseitige Historienschinken aus der Zeit der Hugenotten. Klimaterierende Frauen schreiben immer noch an der Nachfolge der Superweib-Storys von Hera Lind. Inhalt: Frustrierte Frauen, die von ihrem Mann vorne und hinten verarscht und betrogen werden, lernen schönen Millionär kennen, mit dem sie fortan Pferde stehlen gehen, bis die Heide weint. Und schließlich gibt es noch die autobiografischen Variationen der Hermann-Hesse-Schinken. Inhalt: Junger Mann ist ein einsamer Sonderling, hat Liebeskummer, doofe Freunde und macht sich vor Langeweile seitenweise Gedanken über den Sinn des Lebens.

Jetzt stellt sich natürlich die Frage, warum wir die potentiellen Altpapierproduzenten noch ermuntern, ihre Ergüsse weiterhin zu verbreiten. Weil wir allen Autoren wünschen, dass ihre Bücher nicht so herzlos und brutal von den Verlagen abgelehnt werden wie unsere ersten sechsundzwanzig Versuche. Und weil es so ein schönes Gefühl ist, wenn die Leute lesen, was du für sie geschrieben hast.

Du kannst sagen »Ich habe gelebt«,
wenn du ohne Computer auskommst

Er tönt uns noch im Ohr, der Kommentar eines dieser blöden Informatiker: »Der Computer kann nichts dafür. Ein Computer macht nur das, was du ihm sagst.« Toll. Sagen wir ihm etwa, dass er abstürzen soll, dass er die Dateien nicht speichern muss, die Diskette nicht lesen? Sich über eine »Allgemeine Schutzverletzung« beschweren? Was ist das überhaupt? Sind wir da etwa in die Privatsphäre des leise glucksenden Siliziumwesens eingedrungen? Wie das denn? Noch bauen wir Menschen doch nur Computer, die ausschließlich zwischen 0 und 1, ja und nein entscheiden können. Und es ist schrecklich. Zugegeben: Das Mikrochipmonster Deep Blue hat gegen Garry Kasparow im Schach gewonnen. Aber hat sich die Rechenkiste vielleicht hinterher darüber gefreut? Na also. Wir fragen uns ernsthaft, was werden wird, wenn die Erforscher der Künstlichen Intelligenz Erfolg haben und dem »Ja« und »Nein« der Binärsprache ein »Vielleicht« hinzufügen. Wirf deinen Computer besser aus dem Fenster, solange es noch geht. Denn sind erst die Zeiten von mitfühlenden Putzrobotern, hochbegabten Mikrowellen, depressiven Waschmaschinen und menstruierenden Laptops angebrochen, wirst du es sein, der auf den Fenstersims steigt und springt.

Du kannst sagen »Ich habe gelebt«, wenn du es schaffst, cool zu sein

Sicher, es hilft, ein Glas Whiskey richtig in der Hand halten zu können. Die Klamotten sollten passen. Ganz wichtig, natürlich, das fehlerfreie Phlegma. Entweder ist es Idiotenstarre oder coole Bewegungslosigkeit. Dazwischen gibt es nichts. Es reicht aber nicht, sich allein mit den nötigen Accessoires zu umgeben. Wirkliche Coolness entsteht in der Situation.

Da war beispielsweise dieser Typ, der bei der amerikanischen Version von *Wer wird Millionär* saß und bis zur Eine-Million-Dollar-Frage kam. Er hatte seinen 50:50-Joker verbraucht, das Publikum befragt, aber seinen Telefonjoker, den hatte er noch übrig. Die alles entscheidende Frage wurde ihm gestellt. Er überlegte und sagte: »Ich würde gerne meinen Telefonjoker nutzen und meinen Vater anrufen.« Okay. Die Nummer wurde gewählt, der Vater war dran. Aufgeregt verkündete ihm der Moderator, dass sein Sohn in der Show bis zur Eine-Million-Dollar-Frage gekommen sei. Dreißig Sekunden hätten die beiden nun Zeit für die Frage. Die Zeit begann zu laufen, und der Sohn sagte zu seinem Vater: »Papa, ich rufe nur an, um dir zu sagen, dass ich gerade eine Million Dollar gewinne.« Und zum Moderator: »Die richtige Antwort ist C.«

Du kannst sagen »Ich habe gelebt«, wenn du ein Mann geblieben bist

Uns Männern droht eine große Gefahr. Seit einigen Jahren lächelt sie uns von den Titeln diverser Hochglanzmagazine an: »Waschbrettbauch in drei Tagen«, »Wie werde ich Brad Pitt«, »Trendfrisur: Kurzhaarschnitt. Welche Frisur steht mir?« Immer mehr Männer fallen auf die Verlockungen von *GQ* und *Men's Health* herein. Ein großer Fehler. In drei Tagen bekommen sie gerade mal einen Muskelkater, der nach einer Woche wieder weggeht. Und anstatt Brad Pitt zu werden, werden sie Moderatoren bei Pro Sieben. Bestenfalls. Was sind das überhaupt für Männer, die sich fragen, welche Frisur ihnen steht? Dabei ist die Antwort doch ganz klar: die billigste. Echte Männer gehen im Kaufhof zum Friseur. Sie rauchen vor dem Frühstück und scheißen im Stehen. Sie lassen sich nicht in Halbtunten verwandeln, die zur Maniküre gehen, über Problemzonen reden oder in *FHM* einen Fragebogen ausfüllen, um zu erfahren, dass sie gut im Bett sind. Dabei kann dir doch scheißegal sein, ob du gut im Bett bist.

Du kannst sagen »Ich habe gelebt«,
wenn du einen Oscar gewonnen hast

Das schwerste am Oscar-Gewinn ist eine originelle Dankesrede. Sonst ist es ein schöner Moment. Wehe aber, du vergisst, deiner Mutter zu danken. Da gewinnst du endlich den Oscar, verbringst einen Superabend, trinkst zuviel, schlägst in Gedanken auf deine nächste Gagenforderung schon mal ein paar Millionen drauf, und am nächsten Morgen klingelt dich deine Mutter aus dem Bett und bellt ins Telefon: »Warum hast du mir nicht gedankt? Kannst du dir eigentlich vorstellen, welche Schmerzen ich bei deiner Geburt durchlitten habe? Weißt du was, wenn nachher hier wieder die ganzen Journalisten anrufen, dann werde ich denen mal erzählen, wie du als kleines Kind immer in die Badewanne gekackt hast.

Und damit du eins weißt, der Oscar kommt zu mir und deinem Vater ins Regal. Bei dir staubt er sowieso nur ein. Wann hast du eigentlich das letzte Mal bei dir zu Hause geputzt?« Erschöpft legst du den Telefonhörer auf und rechnest in Gedanken von deiner nächsten Gagenforderung ein paar Millionen runter. Wie kannst du glaubwürdig einen Helden darstellen, wenn jeder weiß, dass du als kleines Kind immer in die Badewanne gemacht hast?

Die Dankesrede ist also wichtig. Und immer, wenn man das Gestammel gestandener Hollywoodstars bei der Preis-

Gwynhyster
Pulpthrow
kriegt ihren
ersten O...

verleihung hört, denkt man sich: Sind das jetzt Schauspieler oder sind das jetzt Schauspieler? Vielleicht sollte man den Oscar-Gewinn zum Pflichtprogramm auf jeder Schauspielschule machen. Wenn das bei der Oscar-Verleihung so weitergeht, passiert in Hollywood eines Tages dasselbe wie bei uns mit der Neujahrsansprache des Bundeskanzlers. Es wird einfach die Rede aus dem Vorjahr gesendet, und keiner kriegt es mit. »Ich danke meinem Regisseur, meinem Produzenten, meinem Agenten etc.« Warum stellt sich niemand ehrlich hin und sagt: »Ich danke mir, dass ich so gut im Bett bin, dass der Produzent die Rolle mir gegeben hat. Ich danke meinem Schönheitschirurgen, der meine Falten auf den Hinterkopf operiert hat, ich danke Kentucky Fried Chicken, dass ich vier Jahre lang bei denen als Kellner arbeiten durfte. Und ich danke wem auch immer, dass ich trotz der vielen Kokserei noch einigermaßen klar in der Birne bin.«

Du kannst sagen »Ich habe gelebt«,
wenn du beim Klassentreffen warst

Früher warst du schon out, wenn du den falschen Tintenfüller hattest. Pelikan versus Geha. Kinderexistenzen sind zu hunderten am falschen Schreibwerkzeug gescheitert. Fünfzehn Jahre später hat sich daran nicht viel geändert. Dem ersten Klassentreffen haftet noch der üble inquisitorische Odem aus Kindertagen an. Das Duell heißt allerdings Porsche versus Volkswagen. Bleibt nur zu hoffen, dass die Jahre an der Klassenschönsten nicht spurlos vorübergegangen sind und die Nieten von damals ihr Niveau gehalten haben. Wenn du keine Lust auf das »Mein Auto – mein Boot – meine Pferdepflegerin«-Spiel hast, erzähl jedem, der es wissen will, du würdest Pornos drehen (»Nicht dieser anspruchsvolle Kram, sondern die richtig harten Sachen«) und Gina Wild sei in Wirklichkeit ganz anders, als das im Fernsehen so rüberkommt. Du wirst sehen, das Neidpotential der Pornobranche ist weit höher als das der Automobilbranche.

Ein Klassentreffen kann aber auch ganz anders sein. Wenn zu späterer Stunde die Frage: »Weißt du noch?« gestellt wird und die alten Geschichten erzählt werden. Irgendwann überkommt dich das Gefühl, dass es damals eine großartige Zeit gewesen ist. Und du merkst, dass die Frage »Weißt du noch?« dich für den Rest deines Lebens mit deinen Klassenkameraden verbinden wird.

Du kannst sagen »Ich habe gelebt«, *wenn du viele Jahre mit einer Frau zusammengelebt hast*

Eine Beziehung besteht aus drei Phasen. Es geht los mit dem Verliebtsein. Diese Phase dauert rund vier Wochen und ist von großem Glücksgefühl und erotischem Wohlbehagen geprägt. Es folgt eine ebenfalls vierwöchige Phase der Ernüchterung und Desillusionierung. Sie ist geprägt vom Auftauchen erster Probleme und der Normalisierung des Sexuallebens. Schließlich kommt eine Phase, die Beziehung genannt wird und bis zu fünfzig Jahre dauert. Zehn Jahre davon braucht man, bis man alle Fehler seiner Frau kennt.

MY LIFE IN A NUTSHELL

Folge 19

Du kannst sagen »Ich habe gelebt«, *wenn du eine Verschwörung aufdeckst*

Jeder weiß, dass Videorekorder so gebaut werden, dass sie nach zwei Jahren Betrieb wenigstens einen Defekt haben, dessen Reparatur genauso teuer wie der Kauf eines neuen Gerätes ist. Jeder weiß, dass die Mineralölgesellschaften sich einmal in der Woche zusammentelefonieren, um einvernehmlich die Benzinpreise zu erhöhen. Jeder weiß, dass Elvis noch lebt, zusammen mit John Lennon und Lady Di auf einer Insel. Nur beweisen kann es keiner. Gerne würden wir endlich das landesweite Komplott der Bus- und Straßenbahnfahrer aufdecken. Oberstes Ziel dieser Konspiration ist es, dass kein Bus und keine Straßenbahn abfährt, ohne dass sich irgendein Fahrgast abhechelt und ihm der Wagen vor der Nase wegfährt. Wann packt endlich einer der Verschwörer aus?

Du kannst sagen »Ich habe gelebt«,
wenn du an den Fortschritt glaubst

Florenz ist eine schöne Stadt. Da latschst du eine Weile durch die engen Gassen und stehst auch schon vor dem schicken Dom. Du drückst das Kreuz durch, um nach oben zu gucken, und denkst dir: Mann, ist das aber eine Riesenkuppel. Baedeker vorgekramt und nachgelesen. Die Riesenkuppel wurde vor fünfhundert Jahren von Filippo Brunelleschi gebaut. Vor fünfhundert Jahren! Also zu einer Zeit, als die Erde gerade erst aufgehört hatte, eine Scheibe zu sein. Als es noch Ritter gab und man mit einem Keuschheitsgürtel auf Nummer sicher gehen konnte, wenn man morgens zur Arbeit ging. Vor fünfhundert Jahren so eine Riesenkuppel, und in Berlin kriegen sie heutzutage kein einziges anständiges Haus mehr hoch. Fortschritt ist eine merkwürdige Sache. Dem Brunelleschi muss doch so was die Muffe gegangen sein, dass das Ding einstürzt. Zumal er auch noch ohne tragendes Gerüst gebaut hat, wie noch keiner vor ihm. Baupläne studieren, die Statik ausrechnen. Alles schön und gut, aber am Ende muss das Ding ja auch wirklich halten.

Und was ging eigentlich im Kopf von Galileo Galilei vor sich, als er den Aufbau unseres Sonnensystems begriff? Hat er sich gefreut? Wenn ja, nicht allzu lange. Kurz durchgefoltert, hat er schon wieder alles widerrufen müssen. Es ist so einfach zu sagen: »Das funktioniert nicht«, und Leute für verrückt zu erklären, wenn sie ihre kruden Ideen erzählen. Es ist so schwer sich einzugestehen, dass man zu dumm sein könnte, die Idee zu begreifen.

Es gab mal einen amerikanischen Wissenschaftler, dem der Rummel um die Raumfahrt und einen eventuellen Flug zum Mond sehr auf den Keks ging. Voller Hohn verkündete er: »Man bringe mir Mondgestein, und ich erkläre euch das Universum.« Soweit, so gut, doch dann beging der Mann einen schweren Fehler. Er starb nicht. Sondern musste mit ansehen, wie Jahre später Neill Armstrong auf dem Mond herumhüpfte. Zurück aus dem Weltall, hatten die Jungs natürlich auch ein paar Brocken Mondgestein im Gepäck. Tja, und dann kam es, wie es kommen musste. Dem betagten Wissenschaftler wurden die Steine in die Hand gedrückt, und man wartete gespannt auf die Erklärung des Universums. Pech gehabt, der Mann hatte sich schlicht zu weit aus dem Fenster gelehnt.

Und die Moral von der Geschichte? Der Fortschritt lässt sich nicht aufhalten, und keiner kennt heutzutage noch den Namen von dem Typen, der bei Galileo damals die Daumenschrauben angezogen hat. Mit den Worten: »Und sie dreht sich doch!«

Du kannst sagen »Ich habe gelebt«, wenn du eine Sneak Preview gesehen hast

Am Mittwoch um zweiundzwanzig Uhr ins Kino gehen und keine Ahnung haben, was kommt – das ist eine Sneak Preview. Eine Sneak Preview gucken ist in etwa so, wie mit unserem Freund Daniel baden gehen. Er ist ein echter Expeditionsfreak. Er steht auf Schlafen im Biwaksack und alles, was extreme Härte erfordert. Beim Baden stürzt er sich immer als erster ins Wasser, planscht vergnügt herum und ruft: »Kommt rein, es ist überhaupt nicht kalt.« Womit wir wieder bei der Sneak Preview wären. Die Wahrscheinlichkeit, baden zu gehen, ist sehr hoch. In sehr, sehr kaltem Wasser.

Du kannst sagen »Ich habe gelebt«, wenn du eine Zeitreise gemacht hast

Stell dir vor, du bekommst die Gelegenheit eine Zeitreise zu machen. Wo fährst du zuerst hin? Ins Jahr 1989, um noch einmal zu erleben, wie Boris Wimbledon gewann? Wir fahren auf jeden Fall ins alte Ägypten, um zu wissen, wie die Pyramiden gebaut worden sind. Waren es Außerirdische? Oder doch hunderttausend Sklaven mit Seilen und Holzrollen? Die Geburt von Jesus ist für uns ebenfalls Pflicht. Der arme Josef. Nicht gepimpert und trotzdem ein Kind am Hals. Nächster Halt unserer Reise durch die Zeit ist die Steinzeit, wo wir Mammuts jagen oder von ihnen gejagt werden und herausfinden wollen, welches das erste Wort war, das ein Mensch je gesprochen hat. Wir glauben, dass es eine Frau war, und sie sagte »Nein«. Im Mittelalter gibt es außer der einen oder anderen Pestepidemie nicht so viel Interessantes. Besser ist dann schon wieder die Hinrichtung von König Louis XVI. und Marie Antoinette auf der Place de la Concorde in Paris. Die geschichtliche Dimension dieses Augenblicks, in dem ein jahrhundertelang unterdrücktes Volk seinen König öffentlich hinrichtet, wird unserer Meinung nach völlig unterbewertet. Was würde ein Blick in die Augen der Zuschauer offenbaren? Ob sie nicht doch bis zum letzten Moment allesamt Angst hatten, dass der liebe Gott Blitze vom Himmel schleudern würde, um die Frevelei zu bestrafen? Gut, dass das nicht unser Problem ist. Entspannt reisen wir wieder hurtig nach Hause.

Neben der Vergangenheit würde bei einer Zeitreise ja auch noch die Zukunft locken, aber in die Zukunft möchten wir gar nicht reisen. Stell dir vor, du gelangst etwa ins Jahr 2014, einfach so, und würdest durch einen dummen Zufall erfahren, dass Deutschland den WM-Titel 2006 im eigenen Land errungen hat. Da würde es doch gar keinen Spaß mehr machen, sich die Spiele anzugucken.

Nein!
- Grunz grunz grunz!-*

* Grunz, grunz, grunz ≈ „Und das ist mein letztes Wort!"

Du kannst sagen »Ich habe gelebt«, wenn du dich vom Bügeln nicht fertig machen lasst

Wir haben ein völlig falsches Bild von der Hölle. Angeblich stehen lauter Kessel darin, mit heißem Wasser, in denen böse Menschen für ihre Lebenssünden büßen. Klingt das nach Hölle? Nein, das klingt nach Warmbadetag. Richtig ist, dass es in der Hölle heiß ist und die Luft voller Dampf. Aber wegen der Bügeleisen. In der Hölle wird gebügelt. Tagein, tagaus. Das ist die Hölle. Badezimmer wischen, Staubsaugen, Wäsche waschen, Einkaufen, das sind eintönige Alltagsbeschäftigungen. Aber Bügeln ist das Schlimmste von allen. Ist es nicht unglaublich, wie verknittert eine Bluse aus der Waschmaschine kommen kann? Zehn Minuten bügelst du um die Knöpfe herum, versuchst die Ärmel glattzupressen und bügelst die Falten wieder raus, die du aus Versehen reingebügelt hast. Wozu? Wäschefasern wollen knittern. Das ist ihr Urzustand, in den sie immer wieder zurückkehren.

Einmal haben wir bei der Weltmeisterschaft im Bügeln zugeschaut. Die Leute wischten mit ihren Eisen über die Wäsche, so was hast du nicht gesehen. Am Ende siegte ein Mann, der es geschafft hatte, in ein Hemd hunderte Falten zu einem kunstvollen Muster zu bügeln. Er war ein wenig dick und hatte einen krausen Bart. Stolz hielt er das Hemd und das Bügeleisen. Und für einen kurzen Moment erschien er uns wie der Leibhaftige.

Du kannst sagen »Ich habe gelebt«, wenn du an einer Schwulenolympiade teilgenommen hast

Beim Pumps-Rennen in der Klasse der Zehn-Zentimeter-Absätze als erster über die Linie zu gehen ist ein erhabener Moment. Die härteste Disziplin bei der Schwulenolympiade verlangt dir alles ab. Nach etwa drei Metern machen die Waden dicht. Gut so, denn wenn die Muskeln nicht arbeiten, verbrauchen sie auch keinen Sauerstoff, und die Luft reicht länger. Nach fünf Metern melden die Lymphen in deinen Ohren einen Sturz nach dem anderen, aber noch fällst du nicht. Noch nicht, denn dein Wille ist stärker, und der wirbelsturmartige Sog deiner rudernden Arme richtet dich wieder auf. Die Pfennigabsätze bohren sich in den heißen Asphalt. Vorwärts, nur vorwärts. Das Trommelfell leidet unter den juchzenden Anfeuerungsrufen des Publikums. Da ist das Ziel, verschwommen siehst du es vor dir. Ein letzter Kraftakt, mit einem Hechtsprung fliegst du dem Sieg entgegen. Später tupfen Detlef und Sven, die beiden Sieger beim Synchronbügeln, Jod auf deine Schürfwunden. Und schreien jedesmal auf, wenn es dir wehtut.

Du kannst sagen »Ich habe gelebt«, wenn du bei einer Wahrsagerin warst

Da hockt sie, sieht genauso aus wie Frau Sarikakis aus der *Lindenstraße*, hat sich ein buntes Tuch um den Kopf gebunden und mit Dutzenden Ketten und Armreifen behängt. Zur Begrüßung sagt sie: »Ich wusste, dass du kommst.« Geht ja schon gut los. Auf dem Tisch vor ihr steht eine Kristallkugel, und sie sagt: »Ich sehe eine Frau.« Schön, dass es in meiner Zukunft eine Frau geben wird. Ein guter Anfang. Ist sie schön, ist sie hässlich, intelligent, eine Fernsehmoderatorin? »Diese Frau ist deine Mutter.« Na dufte. Nichts gegen meine Mutter, aber … »Und ich sehe eine Reise, eine lange, weite Reise.« Na gut, reisen ist auch okay. Wer verreist? Ich mit meiner Mutter? Wohin geht es? Und wer bezahlt den Spaß? »Am Ende dieser Reise wirst du dort ankommen, wo du schon immer hin-wolltest.« Wie bitte? Aber wo will ich denn hin? Genau das will ich doch erfahren. »Ich sehe, dass du noch sehr viel Geduld haben musst. Mehr sagt mir die Kugel leider nicht. Das macht dann zweihundert Euro inklusive Mehrwert-steuer.«

Du kannst sagen »Ich habe gelebt«, wenn du als Schiedsrichter beim Wrestling gearbeitet hast

Was ist das für ein toller Job! Du bist Schiedsrichter bei einer Sportart, in der es keine Regeln gibt. Und demzufolge auch keinen Grund, überhaupt einen Schiedsrichter zu haben. Aber mal ehrlich, ohne den Schiedsrichter wäre Wrestling nur halb so spannend. Und es ist gar nicht so leicht, die Schreie aus tausenden Kehlen zu überhören: »Dreh dich um! Dreh dich um!«, wenn in deinem Rücken mal wieder einer mit einem Stuhl verprügelt wird.

Du kannst sagen »Ich habe gelebt«, wenn du dabei warst, als Geschichte geschrieben wurde

Am elften September 2001 hat mich ein Kumpel angerufen. »Haste schon gehört, zwei Passagierflugzeuge sind ins World Trade Center geflogen und eine Maschine ins Pentagon«, sagte er. »Die armen Amerikaner«, sagte ich, »so viel Pech auf einmal.«

»Es war kein Pech, die Maschinen sind anscheinend entführt worden.«

»Ich dachte schon, da haben zwei Piloten gewettet, wer zwischen den Türmen durchfliegen kann«, sagte ich. Und schaute mir auf CNN die Bilder der qualmenden Wolkenkratzer an. Nach ein paar Minuten stürzten die Türme ein. Da dachte ich mir: Jetzt wird gerade Geschichte geschrieben! Und ich bin live dabei auf CNN.

Es ist das vierte Mal in meinem Leben, dass ich dabei bin, als Geschichte geschrieben wurde. 1989, als die Mauer fiel. 1990, als Deutschland Weltmeister wurde. 2001, als die Bayern die Champions League und den Weltpokal gewannen. Das ist für einen jungen Mann schon ein ganzer Haufen Geschichte. Ich habe geweint vor Freude, als der erste Ossi mit seinem Trabi über die Grenze gefahren ist. Ohne Scheiß.

Ich fand in der Schule Geschichte schon immer sehr spannend. 333 bei Issos Keilerei. 1815. 1848. 1914. 1939. Unvergessene Momente. Die Infarkte der Menschheit. Das

Nasenbluten der Zivilisation. Aber kein CNN, das live übertragen hätte.

Heutzutage erleben wir Kriege als unscharfe Bilder von Abwehrfeuern, während unten die aktuellen Aktienkurse vorbeiscrollen. Wir erleben Revolutionen, die Helmut Kohl gut findet. Wir erleben eine Champions League, bei der österreichische Mannschaften mitspielen dürfen. Geschichte ist auch nicht mehr das, was sie einmal war.

Du kannst sagen »Ich habe gelebt«, wenn du immer noch Fragen ans Leben hast

Warum tragen Kamikazepiloten Helme? Warum eigentlich hält man jeden Menschen, der langsamer geht als man selbst, für einen Idioten? Warum sind wir Menschen die einzigen Lebewesen auf der Welt, die keine Angst vor Staubsaugern haben? Warum ist es möglich, sich im Zug stundenlang mit jemandem zu unterhalten, ohne ihn nach seinem Namen zu fragen? Warum hat man auch nach der zehnten Wiederholung des Elfmeters aus dem WM-Finale 1990 Angst, dass Andy Brehme diesmal danebenschießt?

Du kannst sagen »Ich habe gelebt«, wenn du einen Araber auf dem Basar übers Uhr gehauen hast

Auf einem arabischen Basar herrschen wie im DFB-Pokal eigene Gesetze. Wenn ein Araber auch nur einen Funken Interesse in deinen Augen entdeckt, hast du verloren. Am besten guckst du die ganze Zeit so wie Angela Merkel während eines Interviews. Darüber hinaus gilt, du darfst nichts anfassen. Das ist wie in der Disko in Bottrop: Was du anfasst, gehört dir. Und dafür musst du bezahlen. Nun zur Verhandlung: Wenn der Verkäufer weint, er habe eine schreckliche Frau, die ihn jeden Abend mit einem Nudelholz begrüßt, weil er wieder so wenig verdient habe, zieh ein Bild von Zsa Zsa Gabor aus der Tasche und behaupte: »Das ist meine Frau.« Wenn er jammert, er habe sechs hungrige Kinder zu Hause, hol ein Bild der Kelly Family aus der Brieftasche und behaupte: »Für die alle muss ich sorgen.« Wenn er jammert, seine Mutter habe Warzen überall im Gesicht und müsse dringend operiert werden, zeige ihm ein Foto von Michael Jackson und erkläre: »Das ist meine Mutter nach der Operation.« Spätestens an dieser Stelle sollte der Araber echt fertig sein. Gleichwohl, er wird dich trotzdem noch bescheißen.

Du kannst sagen »Ich habe gelebt«, *wenn du ein Amerikaner bist*

Es gibt so vieles, was uns belastet. Kultur. Geschmack. Erziehung. Selbstzweifel. Am schlimmsten sind die Selbstzweifel, also ob das, was man macht, richtig ist oder falsch. Bei Frauen ist das ja wesentlich ausgeprägter als bei Männern. Man spricht da von der psychologischen Probebühne. Auf der führen Frauen ihr Verhalten erst mal auf, um es prophylaktisch zu reflektieren.

Aber wenn es Männern im Vergleich zu Frauen schon völlig an Selbstzweifeln fehlt, so ist der Unterschied zwischen deutschen Männern und amerikanischen Männern in diesem Punkt mindestens noch mal so groß. Den Amis ist es nämlich scheißwurst, was sie gemacht haben (solange sie den Krieg nicht verloren haben).

Nein, Spaß beiseite, die Amis sind einfach superlocker drauf. Aber sind wir inzwischen nicht alle Amerikaner?

Du kannst sagen »Ich habe gelebt«, wenn du Antwort auf eine Flaschenpost bekommen hast

Im Lotto gewinnen, einen Koffer voller Geld auf der Straße finden, Sex mit Gisele Bündchen, alles Käse gegen den Moment, in dem du Antwort auf eine Flaschenpost erhältst. Du hast jemandem geschrieben, von dem du nicht einmal weißt, ob es ihn überhaupt gibt. Du vertraust deinen Brief in einer kleinen Flasche den Wogen des Meeres an. Wir erinnern uns: dasselbe Meer, das 1:0 gegen die Titanic gewonnen hat. Und die Flasche kommt tatsächlich an.

Ihren Ursprung hat die Flaschenpost bekanntlich vor fünfhundert Jahren. Damals, als alle naselang Schiffbrüchige zusammen mit ein paar Buddeln Rum auf einer einsamen Insel gestrandet waren. Nachdem der Rum alle, der Rausch vorbei und das Hirn wieder funktionsbereit war, entstand die Idee, jemandem Bescheid zu sagen, dass es nett wäre, wenn er vorbeikommen könnte, um sie zu retten. »Hallo, wir sind hier auf einer einsamen Insel im Ozean. Bitte rettet uns!« Die gute alte Zeit.

Neulich ist eine Flaschenpost nach dreißig Jahren angekommen. Ein damals dreizehnjähriges Mädchen hatte sie geschrieben und vor der Küste Dänemarks ins Meer geworfen. Die Flasche landete drei Jahrzehnte später wohlbehalten vierzehnhundert Kilometer weiter in Norwegen. Nach weiteren zwei Wochen hatte das Mädchen, mittlerweile eine dreiundvierzigjährige Frau, eine Antwort im Postkasten. Ist es nicht beruhigend, zu wissen, dass das Leben immer einen Weg findet? Und nicht nur für eine Flaschenpost.

Du kannst sagen »Ich habe gelebt«, wenn du dir in München eine Wohnung gesucht hast

Diese Herausforderung nehmen nur die Mutigsten an: ohne irgendwelche Beziehungen nach München zu kommen und sich eine Wohnung zu suchen. Von wegen »Angebot und Nachfrage bestimmen den Preis«. Als erstes gilt es, ein kleines Missverständnis zu klären: »Entschuldigen Sie bitte, ich wollte die Wohnung mieten, nicht kaufen.« Du überschlägst den angegebenen Mietpreis kurz im Kopf und errechnest dein neues Monatsnettoeinkommen von dreitausendsechshundert Euro. Nur so gelingt es dir, dein Begehren auch finanziell angemessen zu dokumentieren. Der neue Monatslohn fühlt sich allerdings nur für kurze Zeit gut an, denn auf diese Idee kommen andere auch. Und ein Spruch wie: »Wenn Sie wollen, zahle ich Ihnen die Miete für ein Jahr im voraus« löst bei einem Münchner Immobilienmakler gerade mal ein müdes Jucken in der Leistengegend aus. Es geht daher leider nur auf die harte Tour: Wohnungen angucken, Wohnungen angucken, Wohnungen angucken und wie beim Roulette auf das Gesetz der großen Zahl hoffen. Je öfter die Makler dich nicht auswählen, um so größer ist die Wahrscheinlichkeit, dass es beim nächsten Mal klappt. An irgendeinen losen Haken musst du deine Hoffnung ja hängen.

Nach der fünfzehnten Wohnungsbesichtigung sinken langsam die Ansprüche an die neue Behausung. Die Umgehungsstraße unter dem Schlafzimmerfenster? Kein Problem. Nach der zwanzigsten Wohnungsbesichtigung sieht man dir an, dass du eine Weile nicht geschlafen hast. Nach der dreißigsten Wohnungsbesichtigung wird alles entspannter. Mittlerweile kennst du die anderen Suchenden ganz gut. Wegen der vielen bekannten Gesichter fühlst du dich in jeder Wohnung gleich wie zu Hause. Fast ist es, als würde man auf eine Party gehen. »Hallo, du auch hier?« – »Hey, schön, dich zu sehen. Bin ich froh, dass ich das Dreckloch von vorgestern nicht bekommen habe.« – »Ja, die Bude sah übel aus.« – »Hier ist aber auch ganz nett.« – »Ja, stimmt.« – »Schaun mer mal.«

Unvergessen war der Typ, der sich in den Wohnungen umschaute und den Makler vor allen Anwesenden als erstes laut und vernehmlich fragte: »Sagen Sie mal, hatte diese Wohnung schon einmal Schädlingsbefall? Wissen Sie, wenn einmal Schädlinge in einer Wohnung waren, dann geht das nämlich nie wieder weg.« Wir überlegten hin und her, was er dem Makler damit sagen wollte. Irgendein Geheimcode? Ich sah diesen Typen später noch ein paarmal. Überall stellte er als erstes diese Frage. Auch in der Wohnung, die ich dann wenig später bekam.

Du kannst sagen »Ich habe gelebt«, wenn du das entscheidende Tor für deine Mannschaft geschossen hast

Leute, die am Ende eines Fußballspiels behaupten, dass ihnen nur ein Quäntchen Glück zum Sieg gefehlt habe, sind Feiglinge, die keine Ahnung haben. »Ja gut, wenn in der neunundfünfzigsten Minute der Ball anstatt an die Latte ins Tor gegangen wäre, hätten wir niemals in der neunundsiebzigsten Minute den Elfmeter gegen uns bekommen.« Das ist Quatsch. Entweder machst du den Ball rein oder du schießt ihn gegen den Pfosten. Das hat nichts mit Glück zu tun, sondern mit dir. Patrick Andersson hat in der dreiundneunzigsten Minute im letzten Spiel der Saison 2000/01 gewusst, dass er den Ball ins Tor schießt. Er hat es ganz genau gewusst. Wer einmal den perfekten Moment eines gelungenen Torschusses gespürt hat, weiß Bescheid. In so einem Moment ist alles Konzentration. Der Körper agiert automatisch. Es bleibt gar keine Zeit, darüber nachzudenken, ob man jetzt lieber nach links oder nach rechts, nach oben oder unten schießen soll. Das ist auch gar nicht nötig. Der Ball soll nicht nach links oder rechts, oben oder unten. Er soll ins Tor. Also schießt du ihn rein. Das Glück solltest du woanders suchen, nicht auf dem Fußballplatz.

Du kannst sagen »Ich habe gelebt«, *wenn du bei minus vierzig Grad pinkelst*

Viele haben ja Angst, dass der Strahl schon in der Luft festfriert. Das passiert nicht. Wichtig ist nur: anständig eincremen, sonst ist das gute Stück sofort erfroren. Und dann kannst du dabei zuschauen, wie der Strahl zu einer Säule erstarrt, was genau so aussieht, als würde ein Stalagmit im Zeitraffer aus dem Boden wachsen. Das ist zwar zu nichts gut, aber immer noch besser, als sich auf eine Eisenbahnbrücke zu stellen und auf die Stromleitungen zu schiffen.

Du kannst sagen »Ich habe gelebt«, *wenn du den Sinn des Lebens entdeckt hast*

Einen Baum pflanzen? Ein Haus bauen? Ein Kind zeugen? Glücklich sein? Andere glücklich machen? Gute Verdauung allein reicht nicht, da sind sich die Experten einig. Dieses Buch zeigt auf, was du getan haben musst, um sagen zu können: »Ich habe gelebt.« Das sollte dir eigentlich schon einen groben Hinweis darauf geben, worin der Sinn des Lebens liegt. Oder auch nicht. Vielleicht kannst du am Ende deines Lebens verkünden: »Ich habe gelebt, aber keine Ahnung, was der Sinn des Lebens ist.«

Darin verbirgt sich schon wieder eine spannende philosophische Fragestellung: Hängt der Sinn des Lebens überhaupt mit unserem Leben zusammen? Oder ist er sozusagen gegeben, und wir können ihn bestenfalls entdecken? Bei einem Osterspaziergang etwa oder im Glückskeks? Und ist der Sinn des Lebens für alle gleich? Eine Kopfbewegung oder eine Eissorte? Oder eine vierstellige PIN-Nummer, mit der man ins nächste Level kommt? Oder ist der Sinn des Lebens für jeden ein anderer? Könnte es bei dem einen Stracciatella sein und beim anderen Malaga?

Der Sinn des Lebens ist ein Rätsel. Aber du kannst keine Busreise an den Gardasee gewinnen. Trotzdem mal angenommen, der Sinn des Lebens wäre ein Preisrätsel. Was wäre das Lösungswort? Mit acht Buchstaben. Denk mal darüber nach.

Du kannst sagen »Ich habe gelebt«, *wenn du wiedergeboren wurdest*

Jetzt kommen wir langsam zu den etwas schwierigeren Sachen. Für diejenigen, die sagen wollen: »Ich habe gelebt, und zwar schon dreimal.« Es gibt allerhand Tips, wie es am besten klappt mit der Wiedergeburt. Die Hinduisten und Buddhisten sind ganz dicke mit dieser Geschichte. Bleibt natürlich die Frage: Was bringt es, wiedergeboren zu werden, wenn ich mich an meine früheren Leben nicht erinnern kann? Antwort: Es macht sich einfach gut im Lebenslauf. Heutzutage, wo die Manager schon von Dreiundzwanzigjährigen ein abgeschlossenes Hochschulstudium und mehrjährige Auslandsaufenthalte verlangen, kommt ein früheres Leben als Fugger oder Medici immer gut.

Zu guter Letzt

Du kannst sagen »Ich habe gelebt«, wenn du tot bist.

Register